Ernst Jünger
Zwei Mal Halley
Klett-Cotta

Im Flugzeug, 7./8. April 1986

Bei jedem neuen Fluge nach entferntem Ziel überraschen Fortschritte zur Perfektion. Dieser Satz hätte sich während meiner Kindheit gelesen wie in einem Roman von Jules Verne. Er hätte uns beflügelt — doch inzwischen zeichneten sich die Schatten ein. Die Flughäfen bei Nacht wirken dämonisch — nicht nur wegen der bis in die Ferne verteilten Lichter, die an die Versuchung des heiligen Antonius erinnern; es sind auch die Geräusche: man lauscht auf eine besondere Art. Man könnte sich daran gewöhnen; das wäre noch gefährlicher.

Als Ausnahme empfand ich die kurze Zwischenlandung in Dubai: bengalische Beleuchtung eines Wüstenfeldes in vielen Farben — offenbar herrscht Überfluß an Energie. Jetzt, um zwei Uhr morgens, noch Lichterketten: vielleicht kehren Emire von üppigen Festen zurück.

Wie erklärt sich diese Beschleunigung von Fortschritten — manchmal großen wie zum Düsenantrieb, aber auch minimalen des Komforts, der Beleuchtung, der Ersparung von Gängen und Handgriffen — im Rückblick auf den Anfang des Jahrhunderts, als noch bestritten wurde, daß Fliegen »schwerer als Luft« überhaupt möglich sei?

Damals, zur Zeit der Lilienthals, schien das Problem noch halb utopisch wie für Leonardo; einige Sonderlinge beschäftigten sich mit ihm. Heut fliegen Millionen, und Tausende treiben in den Büros die Entwicklung voran. Dazu die Verwaltung, der

Bodendienst, die Flughäfen — während Abzweigungen wie die Raketentechnik und die Raumfahrt bereits in das nächste Jahrhundert hineingreifen.

☆

Inzwischen sind Großstädte durch Luftangriffe zerstört worden. Auch heftet sich der Luftfahrt eine besondere Kriminalität an wie jeder neuen Technik — vor allem, wenn sie merkurischen Charakter trägt. Wir haben vorm Abflug in Frankfurt und auch bei der Zwischenlandung hier in Dubai erfahren müssen, daß die Prüfung des Gepäcks und die Betastung wiederum gründlicher geworden sind. Selbst mein Taschenmesser bekam ich nicht ohne Bedenken zurück.

Allerdings nimmt die Zahl der Flugzeugentführungen und der Anschläge auf Passagiermaschinen zu; die Opfer sind unschuldig. So die vier, die neulich während eines Fluges der Transworld Airlines über Griechenland eine Explosion tötete — darunter eine Großmutter mit Tochter und Enkelin. Die Bombe war unter ihrem Sitz versteckt gewesen; sie schlug ein Loch in die Bordwand — der Überdruck stieß die Ahnungslosen in großer Höhe hinaus.

Ein tückischer Zugriff wie in Tausendundeiner Nacht. Jeder könnte so gefaßt werden, und jeder fragt sich, was er damit zu schaffen hat. Wo der rationale Faden dünn wird, könnte man das Horoskop befragen — es gibt Konstellationen, die von Seereisen, und andere, die von Luftfahrten abraten, auch glaubwürdige Berichte von Vorahnungen. Siehe Thornton Wilder: »The Bridge of San Luis Rey«.

Kuala Lumpur, 8. April 1986

Nachmittags Landung in Kuala Lumpur, wo Wolfram Dufner uns erwartete. Wir fuhren zusammen in seine Residenz. Zum dritten Mal in dieser Stadt, sahen wir, wie sie sich wiederum verändert hat. Bald werden die letzten Gebäude der Kolonialzeit dem Weltstil gewichen sein.

Wiedersehen mit Brigitte Dufner, Tee im Garten — ich erkannte die Bäume wieder, auch die Gebüsche, die reich in Blüte standen — vorgestern lag in Wilflingen noch Schnee.

Einige Stämme sind inzwischen dem Sturm zum Opfer gefallen, doch steht noch der mächtige Feigenbaum in seinem Panzer von Luftwurzeln. Er darf nicht angestrahlt, muß überhaupt mit Ehrfurcht behandelt werden, weil ein Geist in ihm wohnt. In Anzahl Palmen und Frangipanis, hoch und schlank ein Fackelbaum mit seinem feurig leuchtenden Schirm.

Ein solcher Garten ist reich belebt. Besonders fiel mir ein Specht auf, der an den Palmen kletterte: Flügel orangefarben, Hals weiß mit schwarzen Streifen, blutrote Haube, die sich zum Kamm aufrichtete. So umrundete er rastlos den Stamm.

Natürlich konnte ich mir nicht versagen, einige der Büsche zu revidieren; ich fand sie mit kleinen Rotköpfen besetzt. Dabei fiel mir die Beruhigung ein, mit der ich vor etwa fünfzig Jahren einen Reisebericht in den »Entomologischen Blättern« studiert habe. Ein Sammler von Bockkäfern — ich glaube, es war Tippmann — schilderte eine Exkursion in Brasilien. Besonders behagte mir daran, daß die Teilnehmer, die dort so munter die Netze schwangen, das stattliche Alter von siebzig Jahren erreicht hatten. Sollte ich ihnen nacheifern, so würde die Subtile Jagd in den Tropen immer noch möglich sein. Das schienen mir erfreuliche Aussichten. Inzwischen habe ich mehr als zwanzig Jahre darüber hinaus zugelegt.

Es wird behauptet, daß zwischen einer angeborenen Neigung und dem Altern Beziehungen bestehen. Was man oft und gern treibt, möchte man immer tun. Das spiegelt sich in den Vorstellungen der Paradiese — für den Jäger sind es die Ewigen Jagdgründe. Zu den Jägern zählt auch der Sammler, gleichviel, worauf sich sein Trieb richte. Sammler sind unersättlich; daher sollen auch Geizhälse sehr alt werden.

Als Friedrich Wilhelm I. bei der Generalbeichte von seinem Hofprediger hörte, daß es im Himmel keine Soldaten gebe, wollte er sich schwer damit abfinden. Mir geht es ähnlich, wenn ich mir eine Welt ohne Blumen und Falter vorstellen soll.

Die Anziehung des Islam gerade auf Naturvölker erklärt sich auch durch den Anteil, den der Prophet den Sinnenfreuden zubilligt. »So tötet nun eure Glieder, die auf Erden sind« (Kolosser 3) — damit läßt sich bei ihnen nicht viel ausrichten.

Zum Weg. Der Tod darf die Lust verwandeln, doch nicht auslöschen. Ich komme auf die Spirale zurück. Eine unausgedehnte Spirale, also schon die Spirale der Mathematiker, kann ich mir vorstellen oder eher noch »ausdenken«.

Wie aber, wenn sie sich realisiert — als Schraube, Turbine, Bohrer, Kaiserwinde, Baumschlange, Korkenzieher? Wo ist der Übergang? Da helfen keine darwinistischen Ausflüchte, keine »kleinsten Schritte«, kein Heranschleichen an die Materie.

Nein, es muß einen Sprung gegeben haben — und mit ihm eine Minderung. Der Kreis wurde zum Rade, gab Urkraft als Bewegung ab. Das Rad ist eine Vorweisung auf schmerz- und mühelose Welten — es ächzt und stöhnt, wenn wir es antreiben. So auch der Falter als ein Bote, den die platonische Schönheit sendet — aber als Schatten nur. Auf Erden müssen wir uns abfinden.

Kuala Lumpur, 9. April 1986

Die Stadt soll den Rekord an Gewittern halten — ich weiß nicht, ob es stimmt. Jedenfalls begann es zum zweiten Mal zu donnern, als wir beim Golfklub aus dem Wagen stiegen; wir wollten dort im Schwimmbecken ein Bad nehmen.

Der Golfplatz, eine großzügige Anlage im englischen Kolonialstil, wurde schon vor dem Regen von den Spielern verlassen, da es auch zu ebener Erde einschlägt; es gibt immer wieder Todesfälle durch Blitzschlag in Zinnadern, die sich unter dem Rasen dahinziehen.

✫

Im Ankleideraum. Es geht mir mit den Chinesen,
nicht nur den jungen, wie mit manchen Blumen,
deren Schönheit mir erst nach Jahren bewußt wurde. Ich will mich dabei aufs Physiognomische nicht
einlassen — etwa darauf, ob wir »weißen Langna-
sen« anziehender sind. Aber die Glätte der Haut,
ihr »mondener« Glanz, Bambus und Jade, spiegeln
die Ruhe eines Kunstwerkes, dem nichts fehlt,
nichts hinzuzusetzen ist. Meine Zuneigung ist eher
die zu einem Kunstwerk, also nicht im engeren
Sinn erotisch — vielmehr der Hinweis auf eine hö-
here Qualität.

Noch zur Spirale. Möglich scheint auch, daß der
Bios sich von den idealen Formen abgelöst und
nur die Erinnerung oder die Sehnsucht nach ihnen
behalten hat. Er hat sie zwar nicht vergessen, aber
er bleibt von ihnen abgeschlossen in einem Reich,
das einerseits zu dem des Todes, andererseits zum
Jenseits geworden ist. Damit ist eine Minderung
der Werte verbunden; selbst die Vorstellungen
vom Paradiese reichen nicht aus. Der Vorzug der
Tiere besteht darin, daß sie den Zustand akzeptiert
haben. Sie leben amoralisch und stärker in der
Gattung als in den Individuen. Den Alten galten
sie für heiliger als der Mensch.

Drei Punkte, selbst an den Grenzen der Sichtbar-
keit, wecken das Bedürfnis, sie durch eine Linie
zu verbinden; so entstehen die Sternbilder. Diese
Linie ist unausgedehnt und nicht zu fassen; wir kön-

nen uns also das Nichtvorhandene vorstellen —
allerdings brauchen wir Anhaltspunkte dazu. Wir
bekleiden die Figuren mit Bildern, indem wir aus
dem Vorrat unserer Erfahrung Muster hervorsu-
chen. Hier könnten Übungen ansetzen.

Kuala Lumpur, 10. April 1986

Wir fuhren mit der Dolmetscherin der Botschaft
zur chinesischen Apotheke, der Medical Hall, in
die Stadt. Die Dolmetscherin heißt, wenn ich sie
recht verstanden habe, Au Pin Pin, das ist »die
Höfliche«. Sie übersetzt aus dem Mandarin ins
Englische und zurück.

Wir waren angemeldet; der Apotheker Lee Tan
Shep und seine Gattin begrüßten uns und ließen
Tee auftragen. Außer ihnen waren noch ein Gehil-
fe und ihr fünfjähriges Töchterchen im Geschäft,
das lebhaft besucht wurde. Die Kunden verweilten
längere Zeit, denn der Apotheker versorgt sie
nicht nur mit Medikamenten, sondern er wird auch
konsultiert, ist also, wie bei uns zu Paracelsus' Zeiten, Iatro-Chemiker. Er hat vier Jahr in Ipoh Medizin und ein Jahr in Hongkong Pharmazeutik studiert.

Der chinesische Begriff der Gesundheit umfaßt
körperliches, geistiges und soziales Wohlbefinden;
diesem Ziel gilt die Behandlung — die Ausgewo-
genheit von Yin und Yang spielt die Hauptrolle
dabei. Der Patient sitzt dem Arzt gegenüber, der
sein Gesicht, besonders die Augen, beobachtet, ihn
sprechen läßt, den Puls an beiden Armen und am
Zeigefinger prüft, kurzum ein Urteil vom psycho-

physischen Befinden zu gewinnen sucht, nach dem er die Behandlung einrichtet.

Die Apothekerin verteilte auf einem Tablett zwölf Medikamente aus den drei Naturreichen und legte Kügelchen daneben, die sie über Nacht geknetet hatte; sie zeigte einige der Ingredienzen — darunter Schlangengalle und Pulver aus getrockneten Seepferdchen. Dann tat sie, als ob sie einem Patienten gegenübersäße, und begann, um Yin und Yang auszugleichen, zu manipulieren, indem sie hier von einer Tafel abbrach, dort einem Pulver eine Prise zufügte.

Um Pulver und Perlen abzuwiegen oder Gifte zu dosieren, bediente sie sich eines zierlichen Instrumentes, das sie aus einem Futteral hervorholte. Obwohl die Perlen kostbar sind, bekommt auch das Töchterchen einige im Mörser zerstoßene ins Getränk. Sie sollen den hellen Teint bewirken, der um so höher geschätzt wird, je mehr er sich dem blendenden Weiß des Ming-Porzellans nähert: mit Perlstaub gepudert erscheint die Braut am Hochzeitstag.

Auch teuer, doch unentbehrlich ist die Ginsengwurzel; wir sahen ein handlanges Stück, das mit achtzig Dollar ausgezeichnet war. Da Ginseng überall auf der Welt zu verschiedenen Preisen angeboten wird, frage ich mich, worauf der Unterschied beruht. Einmal wohl auf dem Fundort: die beste Wurzel wird in den Einöden Koreas und der Mandschurei erbeutet; der glückliche Finder markiert sie durch ein Stäbchen und läßt sie ausreifen. Es muß aber auch substantielle Hinweise auf die Qualität geben. Ich konnte darüber nichts erfahren — vielleicht, weil ich nicht verstanden wurde

oder weil das Wissen geheim bleiben soll. Der eigentliche Maßstab der Güte bleibt der Erfolg. Ginseng soll die allgemeine Lebenskraft erhöhen, ins-
besondere die Potenz. Die Wurzel wird sparsam
verwendet — entweder prisenweis anderen Medi-
zinen beigegeben oder in Hühnerbrühe geschabt.
Von unseren Ärzten wurde Ginseng lange Zeit in
den Aberglauben verwiesen; jetzt wird er wieder
in jeder Apotheke geführt. Im alten China war
Ginseng die letzte Gabe, die dem Sterbenden ge-
reicht wurde; mythisch wird die Alraune den Drei
Göttern und dem Orion zugesellt.

Hochgepriesen wird die Heilkraft eines seltenen
Rehes; sie verdichtet sich in der Galle und dem getrockneten Schwanz. Wir sahen auch Gallenblasen
von Krokodilen und anderen Tieren: Säckchen, die
mit einem Stoff gleich getrockneter Tinte gefüllt
waren. Als bewährtes Mittel gegen Schwellungen
nach Mückenstichen gilt eine Schuppe vom Panzer des Gürteltieres; der Schmerz verschwindet,
wenn man damit sanft über den Einstich streicht.

Die Seepferdchen waren teils klein, teils von
einer Größe, wie ich sie nie gesehen hatte, so daß
sie an die Steckenpferde von Kindern erinnerten.
Sie waren früher auch bei uns offizinell. Altvater
Gesner empfahl sie als Mittel gegen die Tollwut;
auch sollen sie »zur Unkeuschheit beitragen«, wie
er sagt. Vielleicht bin ich nicht ganz auf dem
Holzweg mit dem Verdachte, daß gerade dieser
Ruf das überreiche Angebot erklärt. Hier harren
sie mumifiziert der Verwendung wie auch die See-
drachen, Frösche und anderes zum Pulverisieren
verwahrtes Gut.

☆

Chinesische Küchen und Apotheken werden schon in alten Reisebeschreibungen geschildert — halb als Grusel-, halb als Raritätenkabinette. Natürlich trägt, wie überall, viel Humbug zum Angebot bei. Andererseits ist die Heilkraft mancher Mittel seit Jahrhunderten, ja Jahrtausenden erprobt. Zum Beispiel die Schlange: Vipernbrühe galt in der Antike und noch im Mittelalter als unübertrefflich zur Erneuerung der Lebenskraft. Auch hier hat es eine Wiederentdeckung gegeben: das Schlangengift ist zu einem großen Pharmakon geworden — es ist das Gegengift schlechthin.

Gut ist auch, daß nicht nur abstrakte Mittel wie Pulver, Tabletten und Tinkturen verabreicht werden, sondern daß man viel in natura sieht. Auch in unseren Apotheken wird der Mangel empfunden — daher die Kuriositäten in den Schaufenstern. Vielleicht führt gerade dieses Bedürfnis zu einem Übergreifen der chinesischen Medizin in westliche Länder, wie es auch in der Gastronomie zu beobachten ist. Das Eindringen der Akupunktur ist ein Vorzeichen.

Dieser chinesischen Bekanntschaft schloß sich eine malaiische an. Auf der Rückfahrt kamen wir an der National-Galerie vorbei und sahen, daß dort das Oeuvre Ibrahim Husseins ausgestellt ist. Hussein gilt als der beste Maler des Landes; wir stiegen aus, um einen Eindruck zu gewinnen, und hatten das Glück einer Begegnung mit dem Meister, der zufällig anwesend war. Wir hatten mit ihm, einem der Menschen, die auf den ersten Blick für sich einnehmen, ein gutes Gespräch. Er sagte, daß die Ausstellung an seinem fünfzigsten Geburtstag eröffnet worden sei.

Wenn ich zum ersten Male einem solchen Opus gegenüberstehe, habe ich für meinen Privatgebrauch zwei Fundamentalfragen. Erstens, um einen Ausdruck Baudelaires zu verwenden: »Hat er ein poncif?« Das heißt, hat er ein Webmuster, einen persönlichen Stil, an dem zu erkennen ist, ob ein Bild von ihm stammt, wie immer es gelungen sei. Das war hier der Fall. Merkwürdig ist ein Geflecht hauchfeiner Linien, die daktyloskopisch viele Bilder durchziehen. Das nur als Detail. Hussein hat eine breite Palette — er malt gegenständlich und abstrakt, impressionistisch und surrealistisch: Landschaften, Blumen, Porträts, darunter gute Selbstbildnisse. Aber das Werk als Ganzes hat seine Art.

Der zweite Test erinnert an jenen MacMahons, der bei der Beurteilung eines Offiziers zum Abschluß fragte: »Und wie sitzt er zu Pferd?« Das würde hier bedeuten, ob der Maler auch zeichnen kann. Er mag es vergessen, wie man vergißt, daß man reiten oder schwimmen kann. Um mich auf Ingres zu berufen: »Die Zeichnung ist die Ehrlichkeit der Kunst.«

Wie gesagt, kamen wir in ein angeregtes Gespräch, bei dem Wolfram Dufner den Dolmetscher machte und Ibrahim Hussein mir seinen Katalog schenkte. Durch manche Bekanntschaft, auch freundschaftlichen Verkehr mit guten Malern hat sich in mir die Vorstellung von einem Typ gebildet, dem auch diese Begegnung entsprach: bescheidene Sicherheit. Man weiß, was man kann, hält die Reserven zurück. Ruhiger, fester Blick, auch auf den Partner — halb erwartend, halb abwägend.

Ein Unterschied der bildenden Künste einschließlich der Architektur zur Dichtung liegt darin, daß das Opus im Augenblick zu überschauen ist. Der Poet trägt vor, der Maler enthüllt. Die Ausstellung ist ein Wagnis, sowohl der kritischen Betrachtung wie dem eigenen Können gegenüber — das prägt sich auf die Dauer im Charakter aus.

Ein solcher Rundgang kann nur einen flüchtigen Eindruck geben — immerhin war er stark. Zwei Bilder bleiben mir in besonderer Erinnerung: Das einer Sonnenblume — auch hier die feine Lineatur. Fruchtboden dunkelgrün, fast schwarz, Kronblätter heller grün, sich dann in eine reiche Palette ausfaltend. Endlich eine Sonnenblume nicht à la van Gogh: tropisch, näher an Mexiko.

Dann ein Doppelbild: Ein Astronaut wie eine Gliederpuppe aus Instrumenten zusammengebaut, mit Tauchermaske und einem Gürtel aus Geldscheinen. Daneben Ibrahims Vater, nur bekleidet mit dem Lendenschurz der Reisbauern.

L'homme machine und der natürliche Mensch, wie schon Hesiod ihn besingt: »Nackt pflüge der Mann!« Dazu der Maler: »Als ich meinem Vater erzählte, daß ich dem Menschen begegnet sei, der als erster den Mond betreten hat, hatte ich auf sein Erstaunen gerechnet, doch der Alte sagte: ›Ihr seid ein verrücktes Volk. Was habt ihr auf dem Mond zu suchen? Da ist nichts — aber viel Elend hier.‹«

Die Staatsgalerie ist im ehemaligen Hotel »Maje-
stic« eingerichtet, das durch Romanciers, die man
die »literarischen Orientkunden« nennen könnte,
berühmt geworden ist. Sie sind dort, ähnlich wie
bei »Raffles'« in Singapur, gern eingekehrt und haben auch verweilt. Da die Räume des Klimas wegen hoch gebaut sind, eignen sie sich gut für eine
Galerie. Der Botschafter meinte, daß auch Her-
mann Hesse vor dem Ersten Weltkrieg dort gewohnt habe — das stellte sich, als ich am Abend
dessen Aufzeichnungen »Aus Indien« konsultierte,
als Irrtum heraus. Hesse ist am 1. Oktober 1911 auf
dem »noblen«, im Moschee-Stil erbauten Bahnhof
von Kuala Lumpur angekommen und hat im inzwischen aufgelassenen »Empire« gewohnt. Sein
Urteil darüber ist wenig günstig: »Feines Hotel,
teuer, äußerlich imponierend, doch nicht gut. Kost
und Bedienung schlecht, in den Zimmern ungeleer-
te Nachttöpfe«. Zu seiner Mißstimmung mag die
Falterjagd beigetragen haben, die ihn am Vormittag im heißen Gesträpp bei Ipoh ermüdete. Am
Abend erholte er sich bei einem chinesischen Pri-
vatfest und auf Gängen durch die Stadt. Dabei fielen ihm die hellerleuchteten Altäre in den Fluren
der Chinesenhäuser und, was ihn wunderte, auch
der Bordelle, auf — wo sie freilich, was schon die
Alten wußten, besonders nötig sind.

Am nächsten Morgen ging Hesse wieder auf
Falterjagd, diesmal im Stadtpark, und fuhr dann zu
den Batu Caves, dem Hindu-Tempel, den auch ich
bald wiederzusehen hoffe — er wurde dort, wie er
schreibt, in Zauberflötenstimmung versetzt. Inzwischen hat sich hier viel verändert, obwohl er
damals schon ein gutes Bahnnetz und »Rubber«-

Plantagen fand — dagegen kaum Autos, viel Rik-
schas und originale Kultur.

Spät präparierte ich noch eine kleine Ausbeute —
Zufallsfunde innerhalb der Stadt, ähnlich wie Hesse sie erwähnt. Zuvor suchte ich lange nach einer
Lupe, die ich verlegt hatte. Ich notiere es, weil eine
zweite, die denselben Dienst geleistet hätte, mir
zur Hand auf dem Fensterbrett lag. Darüber
wuchs der Ärger, doch so ungereimt handeln viele:
der ephemere Verlust wird nebensächlich — es
geht jetzt um die Ordnung an sich.

Ich habe viel Zeit mit solchen Recherchen verloren — allerdings zugunsten der inneren Diszi-
plin. Übertrieben scheint auch die Unruhe, die uns
ergreift, wenn uns im Gespräch ein Wort entfallen
ist. Wir haben im Labyrinth der Sprache den Faden verloren und müssen ihn wiederfinden —
mehr als die flüchtige Mitteilung ist bedroht.

Der Arzt, den wir nur im Traum konsultieren: wir
vergessen ihn. Aber wir erkennen ihn zur Nacht-
zeit wieder, wenn wir ihn besuchen, auch sein
Haus, die Etage, die Einrichtung. Dann führt er die
Behandlung fort.

Fraser's Hill, 14. April 1986

Wir verbrachten einige Tage auf Fraser's Hill, der
ehemaligen Bergresidenz des englischen Gouver-

neurs, die wie alle Einrichtungen der Kolonialzeit dem malaysischen Staat anheimgefallen ist. Jetzt dient sie zur Erholung des Ministerpräsidenten Mahathir, der sie dem Botschafter und seinen Gästen zur Verfügung gestellt hat.

Der Aufstieg von Kuala Lumpur ins Gebirge führt durch dichte, hügelige Wälder, deren Schluchten der Nashornvogel, Hornbill, überfliegt. Leider blieb uns sein Anblick versagt; dafür fehlte es nicht an anderen bunten Vögeln und großen Faltern, auch riß während der ganzen Fahrt der schrille Zikadengesang nicht ab.

Wir passierten auf der engen Straße, die zum Teil nur als Einbahn befahren werden kann, die Stelle, an der, etwa um 1950, der englische Gouverneur mit seiner Begleitung auf der Rückfahrt nach Kuala Lumpur von Partisanen erschossen worden ist. Dieser Tat schlossen sich langwierige Kämpfe an, die auch mit der Unabhängigkeit Malaysias nicht endeten. Noch jetzt ist die Gegend unsicher; für die an die Wälder grenzenden Dörfer gilt ein nächtliches Ausgangsverbot. Es kommt immer wieder zu Scharmützeln: erst vor kurzem spürte die Polizei eine Partisanengruppe an einer Wasserstelle auf und beschoß sie; eine Rotarmistin wurde getötet, die übrigen flohen in den Wald.

Der Polizeichef Haniff Omar warnt Sympathisanten, von denen die Partisanen mit Waffen, Proviant, Medizin und Funkgeräten versorgt werden. Sie bringen die Vorräte aus dem Stadtgebiet an den Waldrand, wo Streifen aus dem Inneren des Dschungels sie abholen. Diese Unruhe glimmt wie ein fast erloschener Brand unter der Asche weiter; sie kann jederzeit wieder aufflammen.

Ein Feuer wird auf kleiner Flamme gehalten; gewiß wird es in entfernten Büros beobachtet, vielleicht auch genährt. Wer weiß, wozu es einmal dienen kann. Es heißt, daß die Chinesen die Partisanen nicht mehr mit Waffen, wohl aber mit Nachrichten versehen. Viele der outlaws, des Lebens im Dschungel müde, stellen sich und kehren zu ihren Familien zurück.

Louis James Fraser war ein schottischer Abenteurer, der zu Beginn des Jahrhunderts in diese Gegend kam, nachdem er in Australien Gold geschürft hatte. Hier richtete er für chinesische Bergleute einen Maultierpfad ein, auf dem Zinnerz an die Küste transportiert wurde. Eines Tages verschwand er und wurde nie mehr gesehen. Er wäre längst vergessen, wenn nicht Ferguson Davie, der Bischof von Singapur, nach seinem Verbleiben geforscht hätte. Die Suche blieb vergeblich, doch benannte der Bischof den Berg zum Andenken an ihn.

Wahrscheinlich wird Fraser sich im Dschungel verirrt haben und dort umgekommen sein, so wie der Fabrikant, von dessen Schicksal wir in den Cameron Highlands gehört haben. Auch wir wurden davor gewarnt, den Wald, der unmittelbar an das Grundstück grenzt, außerhalb der markierten Pfade zu betreten; einige Schritte seitab, und man verirrt sich hoffnungslos im Gestrüpp.

Wir begnügten uns also mit Gängen auf den gebahnten Wegen; die Siedlung ist wie Rom auf sieben Hügeln erbaut. Auf ihnen ist der Wald für

»Hill-Stations« von Sultanen und großen Firmen
gelichtet; auch ein Golfplatz fehlt nicht in der
weiträumigen Anlage.

Ich war — soll ich sagen: nebenbei oder haupt-
sächlich — mit zwei Erwartungen gekommen: einmal, wie es sich versteht, mit entomologischen,
zum anderen mit dem Wunsche, den Halleyschen
Kometen zu sehen oder besser noch wiederzusehen. Die gewitterschwüle Atmosphäre von Kuala
Lumpur bot wenig Aussicht; ich hatte meine Hoffnung auf diese Höhe gesetzt.

Die erste Erwartung wurde weit übertroffen; die
Einzelheiten sind für die Hausarbeit notiert. Eine
große, bei Einbruch der Dunkelheit hell erleuchte-
te Terrasse, davor ein Urwald bis weit über den
Horizont hinaus, mit blühenden Bäumen und to-
tem Holz. Da ließ der Anflug nicht lange auf sich
warten — zunächst von großen Faltern, Käfern
und Zikaden, die wie Spielzeuge knarrten, wenn
sie nach dem Aufprall am Boden kreiselten. Im
Nu waren die Wände rings um die Lampen und
die weißen Fliesen mit Mustern bedeckt, und bald
erwiesen die Fangflaschen sich als zu klein. Daneben fehlte es nicht an Winzlingen; auch Geckos
und eine Kröte ließen sich sehen. Sie nahmen
sich ihren Anteil, und über dem Waldrand räumten
Fledermäuse zwischen den Schwärmen auf.

Erstaunlich war die Zahl und auch die Mannigfaltigkeit der Hirschkäfer — und doch erklärlich,
da die Tiere sich im morschen Holz entwickeln, an
dem es hier gewiß nicht fehlt. Sie kamen langsam,

in fast senkrechter Haltung angeflogen und waren auch an Größe recht verschieden; ein nußbrauner Adonis war nur wie der Daumennagel, ein brillant-schwarzer Riese wie mein Mittelfinger lang. Ihn präsentierte mir das Stierlein wie einen zappeln-den Krebs am Halsschild — und damit an diesem letzten Abend hier den Haupttreffer.

Nicht zu vergessen ist Mister Fu, ein emsiger Chi-nese, bei dem wir auf einem unserer Rundgänge einkehrten. Dort lernte ich die Quelle des Insek-tenhandels kennen; wir trafen ihn in seiner Hütte beim Präparieren einer immensen Ausbeute. Zwei seiner Kinder sprangen draußen in der Hitze mit Netzen umher.

Die Prachtstücke, die der Entomolog halb be-wundernd, halb abschätzig »Augenreißer« nennt, werden zum Wandschmuck gerahmt und samt der unsortierten Menge nach Singapur gesandt. Von dort gehen sie an Händler, Museen und Sammler in aller Welt. Mister Fu wiederum hat die Bauern der Umgebung, vor allem deren Kinder, als Zu-bringer. Dabei ist nicht zu befürchten, daß irgend-eine Art bedroht oder auch nur selten wird. Viel-mehr werden Schädlinge reduziert — so das mächtige erzglänzende Dreihorn, Chalcosoma, das, wie wir hörten, die Bananenpflanzungen ver-heert. Die bescheidene Entnahme eines Mister Fu verschwindet im großen Buche der Natur, vergli-chen mit der Vernichtung, die mit ihren Giften, ja rein durch ihre Ausbreitung die Landwirtschaft an-richtet.

Bescheiden nach alldem, was ich hier gesehen habe, stelle ich mir auch die Einnahmen dieses Wildbeuters vor. Ehe seine Fänge dorthin gelangen, wo sie den Liebhabern zu Preisen angeboten werden, von denen er nicht einmal zu träumen wagt, sind sie durch viele Hände gegangen, haben einen weiten Weg zurückgelegt.

Mein zweiter Wunsch: das Wiedersehen mit dem Halleyschen Kometen, blieb mir leider versagt, obwohl die Aussicht hier besser gewesen wäre als unten im Dunst von Kuala Lumpur oder gar am Rande der Schwäbischen Alb. Wolfram Dufner hatte sich von Astronomen den Azimut für Fraser's Hill berechnen lassen und täglich den Wecker auf fünf Uhr morgens gestellt — leider blieb der Himmel bedeckt.

Kuala Lumpur, 15. April 1986

Das Wiedersehen ist doch noch gelungen — ein Markstein gesetzt. Wolfram Dufner klopfte an — um, wie ich dachte, uns zur Abfahrt zu wecken, aber es war noch dunkel, und er rief: »Der Komet ist da!« Das war kaum zu glauben — wir stürzten in sein Zimmer, ich mit dem Feldstecher in der Hand. In der Tat — Halley stand ebenso deutlich am Himmel wie damals zu Rehburg vor sechsundsiebzig Jahren, als ich ihn mit Eltern und Geschwistern gesehn hatte.

Diesmal schien er mir etwas größer, doch ebenso wenig imponierend wie damals — schweiflos, diffus, etwa wie ein Garnknäuel. Er stand auch höher — unter dem südlichen Sternbild des Triangulums, mit dem er ein gestrecktes Trapez bildete.

Kometen stellen wir uns vor, wie die alten Maler sie über den Stall von Bethlehem setzten und wie sie in der Tat nach glaubwürdigen Überlieferungen in erschreckender Größe erschienen sind. Die meisten Photos, die ich gesehen habe, wenigstens die von der Erde aus aufgenommenen, trügen, denn wer lange genug belichtet, kann jedem Gestirn einen Schweif von beliebiger Länge anhängen.

Ein Wiedersehen eigener Art, und unter Umständen, die damals keine Phantasie ersonnen hätte: in den Präludien der Wassermannzeit.

Ich glaube, es war Ranke, der sagte, als Historiker müsse man alt werden, denn nur, wenn man große Veränderungen persönlich erlebt habe, könne man solche wirklich verstehen. Er wird damit wohl weniger den einzelnen Vorgang als den Gewinn an Erfahrung gemeint haben. Das Verhältnis ähnelt dem des Soldaten, der nur auf dem Exerzierplatz geübt, zu jenem, der auch im Gefecht gestanden hat.

Wieviel Zeit muß verfließen, ehe man den eigenen Vater versteht. Wenn ich an ihn zurückdenke, um den wir damals vor unserem Hause standen — die Mutter, vier Söhne und die Tochter — will es mir scheinen, daß er einerseits typisch die Epoche vertrat, in der er lebte, sich andererseits von ihr kritisch distanzierte und zudem archaische Züge besaß.

Typisch für die Epoche war schon das Bild, das wir boten: der Vater inmitten seiner großen Familie. So hielt es der Kaiser, hielten es die meisten unserer Bekannten und die Bauern ringsum. In gewissen Abständen mußten wir, was mir nicht angenehm war, mit ihm nach Hannover fahren — erst zum Friseur, dann zum Photographen, möglichst an einem Tag, an dem im Theater eine Mozartoper gespielt wurde.

Das Bild ist zugleich archaisch: die Familie bei der Betrachtung eines ungewöhnlichen Zeichens am Himmel; ein Rest von Ehrfurcht läßt sich nicht abweisen. Mit Wendungen wie »typisch für die Epoche« muß man überhaupt vorsichtig sein, denn in jede Epoche paßt viel, paßt sogar alles hinein, selbst wenn es nicht harmoniert. Eine Vorstellung davon bekommt man beim Blättern in alten Stammbüchern. Von denen, die sich dort »verewigten«, wurden die einen Geistliche, Ärzte, Richter, Beamte, die anderen Bankiers oder Revolutionäre, wiederum andere erlitten Schiffbruch und verschwanden in Amerika. Aber der Duktus der Handschrift ist gemeinsam; er läßt sich Jahrzehnten zuordnen. Sie alle hatten mehr als sie dachten und mehr als sie wollten miteinander gemein.

Bei der Lektüre von Turgenjews »Väter und Söhne« fiel mir die Ähnlichkeit der geistigen Haltung des Vaters mit jener der jungen Nihilisten auf, deren Arroganz der Autor vorausgesehen hat. Das rationale Klima der Heidelberger Universität hatte ihn unverkennbar geprägt. Lange nach seinem Tode habe ich mit der uralten Tochter Victor Meyers, bei dem er Assistent gewesen war, darüber korrespondiert. Sie hatte im Bunsenschen Palais mit ihm getanzt.

»Die Theologie ist keine Wissenschaft.« Oder: »Gedanken werden durch Kombination und Zerfall von Eiweißmolekülen produziert.« Solche Sprüche lenkten Wasser auf meine Mühle, sagten mir zu. Andererseits die fast zärtliche Bewunderung der in der Natur wirkenden Kräfte und ihrer Listen — in ihnen mußte eine unbegreifliche Intelligenz verborgen sein. Sie gab die Richtung; ihr mußte man nachfolgen.

Naturwissenschaften — vor allem Chemie — und Geschichte gaben die Grundpfeiler. Auch das Geschichtsbild war positivistisch; es wurde durch die großen Einzelnen bestimmt. Seine besondere Neigung galt Alexander, Cortez, Wallenstein, Napoleon. Dazu die Paladine: die Argonauten, die Diadochen, die Konquistadoren, die Marschälle. Es fiel mir auf, daß der Vater trotz seiner Vorliebe für große Operationen am Ersten Weltkrieg geistig kaum Anteil nahm; er vermißte die logische Prägnanz — das Material wurde zu stark. Eine Ausnahme bildete die Skagerrakschlacht, die er studierte wie eine Schachpartie.

Philosophie hat ihn kaum je beschäftigt; für ihn waren die Tatsachen keiner Erklärung bedürftig — sie sprachen für sich. Der Gesellschaft gegenüber verhielt er sich skeptisch — en masse war ihr alles zuzutrauen. Die musischen Neigungen waren begrenzt: Schillers historische Dramen, Mozart, seit früher Jugend die »Ilias«, die klassischen Sagen, »Tausendundeine Nacht«. Am Rande das Schachspiel, später die Astronomie. Als Student hatte er, angeregt durch Scheffel, Trompete geblasen — das war damals in Mode, ähnlich wie früher der Wertherfrack. Später stand ein großer Flügel in der Bibliothek. Der Bruder Hans spielte darauf, besonders in der Zeit, in der er Opium nahm. Vormittags kam der Vater zuweilen herunter und hörte in einer Ecke sitzend zu. Da er auf einen klaren Kopf hielt, war ihm wie jeder Exzeß auch der Rausch unangenehm. Zwei oder drei Mal habe ich ihn leicht angeheitert gesehen und bedauert, daß ich es nicht öfter erlebt habe.

Hinter all diesen Zeitlichkeiten war der pater familias nicht zu verkennen, der besonders in schwierigen Lagen zum Vorschein kam. So auch im letzten Wort, das mir von ihm berichtet wurde — er sagte, als man ihn mit der tödlichen Lungenentzündung die Treppe hinuntertrug: »Jetzt müßt ihr eben sehen, wie ihr allein zurecht kommt.«

Was einer glaubt oder nicht glaubt, ist nicht belanglos, doch nebensächlich — es gehört zu den zeitlichen Umständen. Der Vater hielt nicht viel vom Jenseits, und doch habe ich ihn in der Glorie gesehen. Er meinte, daß man in seinen Kindern weiterlebt. Sie würden sich an ihn erinnern, so wie er selbst sich an seine Großeltern, besonders die westfälischen, erinnerte. Es war wohl in dieser Stimmung, in der er sagte, als wir damals beisammenstanden: »Von euch allen wird Wolfgang vielleicht den Kometen noch einmal sehen.«

Wolfgang war unser Jüngster, doch auch der erste von uns Geschwistern, der starb. So trete ich für ihn ein.

☆

Wir betrachteten das Gestirn lange; der Himmel über dem Urwald blieb klar. Wenn etwas bei der Begegnung fehlte, so der Enkel, dem ich den Erinnerungsgruß an Halley hätte weitergeben können — die nächste Wiederkehr wird, wenn ich richtig gezählt habe, im Jahr 2062 stattfinden. Und wenn sich etwas geändert hat, so die Stimmung — vom Optimismus, mit dem der Vater seine Prophezeiung aussprach, blieb keine Spur zurück.

Wir legten uns dann noch zwei Stunden schlafen — Hans Speidel kam und gratulierte mir. Während die Wache heraustrat, hatten wir ein gutes Gespräch.

Rückfahrt nach Kuala Lumpur. Wenn ich den Namen höre, grollt immer ein fernes Gewitter mit.

Rast an einem Wasserfall. Der feuchte Sand an solchen Plätzen lockt Wolken von Schmetterlingen an. Sie breiteten ihren Teppich aus, nachdem sie im Sprühdunst gespielt hatten.

Dort sonnte sich auch ein Lastwagenfahrer, ein Pakistani, der an Krücken ging. Er hatte sich bei einem Unfall das Bein gebrochen und ein Jahr erfolglos in einem staatlichen Krankenhaus gelitten, bis er sich tausend Dollar für einen chinesischen Arzt gespart hatte. Der hatte ihn notdürftig wieder auf die Füße gestellt.

Kuala Lumpur, 16. April 1986

Botanikern und Förstern verdanke ich gute Begegnungen. So auch den Gelehrten des malaiisch-deutschen Instituts, die sich im Bergland ober-

halb der Hauptstadt mit Waldforschungen beschäftigen. Wir trafen dort ihrer drei, dazu einen
chinesischen Entomologen, Doktor Tho, der meinte, das eigentliche Problem für sie sei nicht der
Wald, sondern der Mensch. Das gilt wohl für jedes
Land.

Es gäbe viel zu notieren — leider prägt sich
nicht alles ein. Immerhin lassen sich dem Mosaik
des Wissens einige Steinchen einfügen. So über die
Rafflesia, die ich hier zu sehen gehofft hatte. Meine Erwartung wurde enttäuscht, doch erfuhr ich,
daß diese größte aller Blüten im Dschungel bei
Ipoh nicht selten ist. Sie wird dort von den Urein-
wohnern gesammelt und chinesischen Apothekern
verkauft. Die Knospen haben Form und Größe eines Blumenkohls; aus ihnen wird ein Tee bereitet,
der Frauen nach der Niederkunft neue Kräfte verleiht.

Eine rote Katze, wie sie mir vorschwebt, mit
möglichst geringer Brauntönung, rieb sich an meinem Bein: ein Kater, nicht groß, aber stämmig,
sehr zärtlich; er hatte am Morgen einer der Rat-
ten, die hier zum Ärger der Forscher die Seife be-
nagen, mit einem Biß in den Nacken den Garaus
gemacht.

Das Arboretum ist berühmt; es hat auch eine
Pflanzschule. Neu war mir eine Abteilung, in der
Bienen- und Ameisenvölker gehalten werden —
unter anderem die Art, mit der Freund Murphy uns
im Botanischen Garten von Singapur bekannt gemacht hatte. Sie zirkuliert in den Zweigen eines
Bambusstrauches wie in einem U-Bahn-System.

Eine stachellose Biene, Trigona, nistet in Bäumen und mörtelt vor dem Flugloch einen Ausgang,

der dem Rohr einer Gießkanne gleicht. Eine andere umrahmt den Eingang mit einem glänzenden Schild.

Ein Dschungelgang schloß sich an. Den Einstieg bezeichnet eine imponierende Gruppe des größten existierenden Bambusrohres: Dendrocalamus giganteus — eine Erinnerung an die Steinkohlenzeit. Markante Bäume und Büsche tragen Namensschilder; ich konnte daher einigen Fängen, die wir en passant auf Blüten und an der Unterseite von Pilzen machten, den Wirt zuordnen.

Vor kurzem war der Bundespräsident bei seinem Staatsbesuch über diesen Pfad geführt worden, den man der Landblutegel wegen zuvor gründlich inspiziert hatte. Die Gastgeber hatten ihn einige Male vorsorglich beschritten, um die Blutsauger an sich zu ziehen und zu sättigen. Inzwischen hatte es neuen Zuzug dieser Plagegeister gegeben, die man aus vielen Berichten kennt. Auch Haeckel erwähnt sie in seinem Tagebuch aus Ceylon — ich hatte gelesen, daß die Tiere sich von den Bäumen fallen lassen; hier sah ich sie am Boden: winzige Fädchen, die züngelten. Das Stierlein blieb mit einer lange blutenden Wunde am Knöchel die einzige Leidtragende.

Ein Besuch in Doktor Thos Museum beschloß die Exkursion. Im Vorgarten standen verschiedene Büsche zur Aufzucht von Raupen und Heuschrekken. Die Sammlung umfaßt vor allem Kleinschmetterlinge in vorbildlicher Ordnung und einer Frische, die in diesem Klima besonders zu rühmen ist. Selbst Großmeister Amsel als einer der besten Kenner würde bei diesem Anblick an Lob nicht gespart haben. Sein Werk war dem Doktor natürlich bekannt. Die Entomologen verbindet eine Art von Freimaurerei. Ich bekam einige Glanzstücke als Abschiedsgeschenk.

Kuala Lumpur, 17. April 1986

Mit Brigitte Dufner wieder im Restaurant des Golfklubs — das Bergland, in dem wir vorgestern weilten, bildet den Hintergrund zu dem gewellten Grün der Spielfläche. Die Sultane und die großen Firmen lassen sich das Vergnügen etwas kosten — unter anderem den Lohn für siebenhundert Beschäftigte. Dabei elitär; nicht einmal jeder Botschafter wird akzeptiert.

Chinesische Küche: Haifischflossensuppe auf drei Arten: mit Huhn, mit Krabben oder pur.

Ein Reisender, der Fisch ißt, soll ihn nicht wenden, wenn er ihn halb verzehrt hat, sondern die Gräten abheben — sonst hat er Ärger auf der Rückreise.

Idée fixe. Wie viele, und wie ihn auch Friedrich Georg pflegte, habe ich den Tick, Autos zu zählen; zudem ziehe ich aus ihren Nummern die Quersumme. Läßt sie sich durch drei teilen, ist es ein gutes Omen und bestätigt die Ordnung der Welt. Hier glaubte ich einen Haupttreffer gemacht zu haben: im Park standen zwei Wagen nebeneinander mit 9999 und 3333. Ich mußte mich allerdings von Frau Dufner belehren lassen: das sei kein Zufall; es ha-

be die Besitzer vielmehr Erhebliches gekostet —
die Chinesen sind versessen auf Vorzeichen und
Glückszahlen.

Fortschritte auch in der Klimatisierung: die Appa-
rate laufen leiser als während unseres Aufenthal-
tes vor zwanzig Jahren, auch regeln Thermostaten
die Temperatur. Die Kühlung kostet hier jährlich
ebenso viel, wie wir in Wilflingen für die Heizung
ausgeben.

Parabat, 18. April 1986

Früh zum Flughafen, Sumatra als Ziel. Wir haben
die Insel schon vom Meer und aus der Luft gesehen, doch nie den Fuß darauf gesetzt. Die Schal-
ter und Wartehallen sind Beobachtungsplätze ersten Ranges für Ethnologen zum Studium eines
Gewirrs von Sprachen, Gesichtern, Figuren, Klei-
dungen. Hier vor allem Malaien, Chinesen, Inder,
Ureinwohner des Festlandes und der großen In-
seln — Europäer sind Ausnahmen.

Riesige Mischkessel. Die Völkerwanderung,
schon durch die Eisenbahn beschleunigt, gewinnt
hier eine neue Stufe, indem sie Typen aus den fern-
sten Ländern zusammenwürfelt — dazu die Krie-
ge, Revolutionen, Vertreibungen. Dann die Fremd-
arbeiter — schon die Engländer haben Teile ihrer
Kolonien mit Indern und Chinesen besetzt. Der
Völkerschub — wo sind die Pommern, die Ost-
preußen?

Ungünstige Aussichten für den Bestand. Verfla-
chung der Hochsprachen, Verwässerung der Sub-

stanz. Dem könnte ein Termitenstatus folgen — ohne Kasten, mit Sonderung durch Grade der Intelligenz. Die Technik als Weltsprache, als Uniform des Arbeiters. Die Waffen sind verborgen, die Rangabzeichen verdeckt. Die Energie bedarf nicht der Begründung; sie schreckt schon als Monstranz. Denkbar wären ungeahnte Treffer innerhalb des milliardenfachen Angebots. Dazu gezielte Eingriffe in die Spezies und ihre Evolution. Der Gäa dient auch das Gehirn.

Harte Zwischenlandung auf Penang. Über den Wolken setze ich meine Lektüre fort: Renards Tagebücher, vierter Band. Eine gute Ausgabe; Geschenk von Janet Frachon. Die Maximen sind nicht perfekt — Renard selbst bezeichnet sie als Embryonen seines Geistes — viele reizen zum Widerspruch, auch zum Nachdenken. So etwa: »Kann man denn einer niedrigen Seele Unsterblichkeit zubilligen?«

Das scheint ihm absurd — ich möchte es, und darin mit den Christen einig, bejahen. Renard stellt eine Qualitätsfrage — doch die Monaden haben keine Qualität. Sie können Qualität zeitigen; das ist ein Verlust. Charaktere gründen sich nicht auf Unterschiede in der Güte kleinster Teilchen, sondern auf deren ebenso flüchtige wie notwendige Konstellation. Unsterblich ist jeder, freilich nicht als Individuum. Er geht nicht unter, sondern wird erhöht.

Mich beschäftigt vielmehr seit langem die Frage des Überganges: ein irdener Becher wird in Gold verwandelt und dann in Licht. Daran beunruhigt nur eines: ob diese Erhöhung noch zur Kenntnis genommen wird, noch ins Bewußtsein fällt. Das müßte halb in, halb außerhalb der Zeit geschehen. Die Sonne ist untergegangen, aber sie leuchtet noch zurück.

Erwägungen, die sich aufdrängen in einer Zeit, in welcher der Tod rasanter kommen kann als je zuvor.

Das Licht verlischt nicht; es wird vom Urlicht eingesogen; die Phänomene kehren in die Heimat zurück.

Renards Warnung: »Mißtraue Prinzipien, die viel Geld einbringen«, sollte man in die Konfirmationssprüche aufnehmen.

Dem ließe sich anfügen: »Ich bin eher einer guten Tat fähig als guter Gefühle« (sentiments). Dieses Bekenntnis spricht für ihn; andererseits enthält das Tagebuch selbstkritische Stellen von einer Schärfe, die im Leser den Wunsch, dem Autor in den Arm zu fallen, erweckt.

Zur Physiognomik. Über Capus, einen Modeschriftsteller der »Belle Époque«, den Renard als den »geistreichsten Franzosen seiner Zeit« bezeichnet: »Wenn er lügt, entblößt er seine Reißzähne; man sieht sie oft.«

Ich habe das eher an Bösartigen beobachtet.

Von einer Bäurin hörte ich sogar: »Bei der Nachricht vom Tode meines Mannes hat die Nachbarsche vor Freude ihre Backenzähne gezeigt.«

Ein guter Physiognom liest in den Gesichtern wie in einem Bilderbuch. Diese Begabung ist unschätzbar, doch kann sie einen Grad erreichen, in dem sie lästig wird wie das absolute Gehör.

Die Lüge ist leichter mit dem Gehör erkennbar als mit dem Auge — so am Telefon oder im nächtlichen Gespräch.

Gegen elf Uhr Landung in Medan, der Hauptstadt von Sumatra, der zweitgrößten Insel des malaiischen Archipels. Wir sind jetzt in Indonesien. Konsul Schneider holte uns vom Flughafen ab; wir verbrachten zwei Stunden in seinem gastlichen Haus und werden unter seiner Obhut bleiben, solange wir auf der Insel sind. In der großen, mit Waffen, Masken und Trophäen geschmückten Halle lief ein Ventilator, doch war sie nicht auf moderne Art klimatisiert. Die Wärme war stark, aber angenehm. Ich kann mir vorstellen, daß man sich an sie gewöhnt und ein eidechsenhaftes Behagen ungern vermißt.

Trotz der kurzen Begegnung fiel uns der Abschied schwer. Wir fuhren dann weiter nach Parabat, einer Stadt am Ufer des Toba-Sees. Das Land war bebaut; auch wo es einen waldartigen Eindruck machte, standen Gummi- und Kakaobäume, Zucker- und Ölpalmen. Trotzdem fehlte es nicht an Vögeln, und wo der Boden sumpfig wurde, begrüßten wir den Wasserbüffel — das ist im-

mer ein Wiedersehen. Das Tier mit der glatten
Haut und dem Mondhorn scheint sich glücklicher
zu fühlen als seine nächsten Verwandten — vielleicht deshalb, weil es auf dem Rückweg zum Oze-
an eine erste Station gewonnen hat.

Die Straßen waren mit Mahagonibäumen bestellt. Die Ausfuhr des einst so beliebten Holzes
soll sich verringert haben — einerseits aus Mode-
gründen, andererseits weil das Furnieren eine in-
tensivere Nutzung erlaubt. Auch beim Schiffsbau
wird Mahagoni kaum noch verwandt. Mir sind die
Möbel der Großeltern in guter Erinnerung: ihr so-
lides, rotbraunes, goldglänzendes Holz. Der Vater
hielt wenig davon; die Einrichtung der »Alten«
hatte für ihn überhaupt einen Stich von mauvais
goût.

Parabat, 19. April 1986

Dem lieben Konsul Schneider verdanken wir Aufenthalt und Bewirtung in diesem Bungalow, in
dem wir mit Dufners einige Tage zu hausen geden-
ken — er liegt am Ufer des Toba-Sees und ist
durch einen schmalen Vorgarten von ihm getrennt.
Nachdem wir eingetroffen waren, beschlossen wir
den langen Tag mit einem Bade; das Wasser war
wärmer als die Luft.

Über die Entstehung des Toba-Sees scheinen
die Gelehrten noch nicht ganz einig zu sein. Ich
möchte der Meinung folgen, die ihn für einen riesigen, mit Wasser gefüllten Krater hält. Eine Insel
namens Samosir, wahrscheinlich auch plutoni-
schen Ursprunges, füllt das Becken zu großen Teilen aus — sie ist mit dem Festland durch eine Na-

belschnur verbunden, ähnlich wie unsere Boden-
see-Insel, die Reichenau.

Den See umringt ein Gebirgskreis, aus dem sich
Vulkane auftürmen, die zum Teil noch arbeiten.
Wenn ich sie als Perlen eines Kolliers ansehe, darf
ich Samosir für den Solitär halten, für den Rubin
inmitten einer urgeschichtlichen Feuerwelt. Die
zentrale Eruption soll sich in unvordenklichen Zeiten ereignet haben; sie muß mächtiger als die des
Krakatau und selbst als jene von Santorin gewesen sein. Der Rundblick von der Ägäis-Insel, auf
der wir vor zwei Jahren weilten, erinnert mich
stark an den hiesigen. Aber dort ragt der Krater-
rand nur in Bruchstücken aus dem Meere, während
er hier ein geschlossenes Massiv darstellt. In unserer Zeit kommt diesen erloschenen Schmieden eine
neue Aufmerksamkeit zu.

Obwohl der gestrige Tag anstrengend gewesen,
las ich nachts noch in Renards Journal. Einen Tag
ohne Lektüre kann ich mir kaum vorstellen, und
ich frage mich oft, ob ich nicht im Grunde als Leser gelebt habe. Die Welt der Bücher wäre dann
die eigentliche, zu der das Erlebnis nur die erhoffte
Bestätigung darstellte — und diese Hoffnung würde stets enttäuscht.

Die Wirkung mag dadurch entstehen, daß die
Autoren den Stoff in höherer Ordnung vortragen
und er sich daher besser einprägt als das Gewebe
der biographischen Zufälle. Wir sehen nur den
Rücken des Gobelins. Daher finde ich mich auch
besser in einem guten Roman als in der eigenen

Biographie zurecht. Die Vorgänge in Fontanes »Irrungen, Wirrungen« sind mir geläufiger als jene der schweren Beschießung des Wäldchens 125, während deren ich das Buch unter einer dürftigen Deckung las.

Parabat, 20. April 1986

Wir verbrachten den Tag auf Samosir. Wolfram Dufner hatte vergeblich versucht, ein Motorboot aufzutreiben; wir mieteten daher eines der Touristenschiffe, die hier vor Anker liegen — und da gerade kein Andrang war, zu erträglichem Preis.

Ich hatte mich bereits zu Haus über die Insel informiert. Sie ist von den Bataks bewohnt, einem altmalaiischen, auf das Gebiet um den Toba-See zurückgedrängten Stamm, dem Josef Winkler eine Monographie gewidmet hat (»Die Toba-Bataks«, 1925). Man erfährt wenig Gutes über sie. Im 15. Jahrhundert wagte sich der Portugiese de Barros bis zu ihnen vor. Er schildert die Bataks als »das grausamste Volk der Welt«, als Menschenfresser und Kopfjäger. Diesen Ruf müssen sie bis zum Beginn unseres Jahrhunderts bewahrt haben. Noch 1921 sollen sie zwei Missionare verspeist haben. Heut sind sie vorwiegend Christen und Moslems. Wir sahen zwischen den indonesischen Giebeln Kirchen und Moscheen, auch Grabmäler an den Berghängen.

Ewald Volhard, ein Frobenius-Schüler, unterscheidet in seinem Standardwerk über den Kannibalismus (1939) profane, gerichtliche, magische und rituelle Merkmale dieses Greuels. Er behandelt also das Thema, allerdings mit Übergängen, in einer gewissen Steigerung.

Der Kannibalismus der Bataks war justizförmig. Ihm fielen in erster Linie Personen zum Opfer, die aus dem Stammesverband ausgestoßen und nun wie Feinde oder wie Tiere behandelt und gegessen wurden. Nicht selten aber »wurden Prozesse dieser Art allein aus Fleischgier angestrebt, indem man Schutzlose willkürlich eines todeswürdigen Verbrechens anklagte und als willkommene Bereicherung des Kochtopfes betrachtete. Im allgemeinen jedoch waren andere als profane Motive maßgebend.« Die Bestrafung hatte die völlige Vernichtung des Verbrechers zum Ziel.

Es gab eine Art von Gesetzbuch, den Hadat, der auf Tierknochen geschrieben war. Nach ihm konnte ein gefangener Feind durch eine Buße von sechzig Piastern und einem Büffel sich loskaufen. Höchst gefährlich aber war es für einen Gemeinen, der mit der Frau eines Radjah Ehebruch getrieben hatte: er mußte verzehrt werden.

Volhard bezieht sich in seinen Mitteilungen über die Bataks auf Texte Wilhelm Junghuhns, der als Sanitätsoffizier Niederländisch-Indien bereiste und 1864 in Bandung auf Java starb.

Daß gegen einen Schuldner der Anspruch auf einen seiner Körperteile bestand, erinnert an den »Kaufmann von Venedig« — vielleicht geht Shakespeares Fabel auf alte Reisebeschreibungen zurück.

Noch einmal zu Volhard: »Umstritten ist die nur von wenigen, aber durchaus zuverlässigen Forschern berichtete Sitte der Bataks, ihre eigenen Alten zu verzehren. So hörte Raffles 1820 aus ihrem eigenen Munde, daß es bei ihnen früher üblich gewesen sei, die Eltern, wenn sie zu alt zum Arbeiten geworden waren, zu essen. Sie taten das nicht so sehr aus Genußsucht als der ehrwürdigen Zeremonie willen. Daher lädt ein Mann, wenn er der Welt überdrüssig geworden ist, seine eigenen Kinder ein, ihn zur Zeit, wenn Salz und Limonen billig geworden sind, zu essen.«

Fünfhundert Jahre vorher schrieb Marco Polo von den Bewohnern des Königreichs Dagroian, die wahrscheinlich als Bataks anzusprechen sind, ähnliches.

Beim Niederschreiben des Wortes »Menschenfresser« fühle ich Hemmungen. »Fressen« wird aus den Registern gestrichen, vor allem von Tierfreunden. Als Menschenfreund müßte man also noch behutsamer sein. Immerhin gibt es Unterschiede im Biß.

Die Gerichtsstätten, obwohl verlassen, hatten noch ihre Aura, die ich gespürt hätte, auch ohne zu wissen, was dort geschehen ist. Sie krönen Hügel oberhalb der Dörfer: dunkelsteinerne Sitze, aus einem Stück gehauen; der des Königs ist schwerer und erhöht. Sie umringen einen gleichfalls steinernen Tisch — Schlachtbank oder Opferaltar? Der Blick reichte über hohe Bäume, Palmen und Bambus auf den besonnten See. Ungeachtet des Motorenlärmes von der Uferstraße und des Stimmengewirrs aus dem Dorfe herrschte hier oben das absolute Schweigen, das in der Nähe des Todes bedrückt.

Der Rückweg zum Dorfe führte an den Königsgräbern vorbei. Mit dem Wort sind keine Sultane, sondern kleine Häuptlinge, eben Dorfkönige, gemeint. Auch diese Stätten sind aus schwerem Stein gehauen, zum Teil ruhen plumpe Figuren auf den Deckplatten. Es gibt primitive Bildnisse, die viel versprechen, wie etwa die sardischen Bronzetten — andere wirken, als ob sie schon im Keim gestorben wären wie dürre Zweige, die nie geblüht haben. Kunstwerke von Kindern, im Sand vergessen — es verstimmt, wenn sie sich über Nacht erhalten; das war hier der Fall.

Die Häuser oder Hütten waren zu Souvenirläden umgewandelt, falls sie nicht schon von vornherein als solche gebaut waren. Auch die Dorfstraße davor war mit Verkaufsständen bestellt. Ein Touristendampfer war gelandet; es herrschten Gedränge und babylonisches Sprachengewirr. Nicht wenig trugen Landsleute, vor allem aber Batak-Kinder dazu bei. Sie kamen in Autobussen und wurden von ihren Lehrern zu den Gräbern und Altären der Vorfahren geführt, ähnlich wie wir zum Hermannsdenkmal und nach Fallingbostel — nur mit dem Unterschied, daß hier die Vorgeschichte schon bei den Großvätern beginnt.

Die Schüler trugen auch, wie wir damals, Matrosenanzüge, und manchem baumelte ein Photoapparat vor der Brust. Ich bedauerte, daß ich den Vortrag der Lehrer und Lehrerinnen nicht verstehen konnte — gern hätte ich erfahren, auf welche Weise sie die Tradition pflegen.

Dafür war es möglich, sich schlecht und recht mit den Frauen zu verständigen, die vor der Tür saßen und etwas englisch radbrechten. Sie hielten, um sie zu lausen, die Kinder auf dem Schoß. Ländlich, sittlich — sie lächelten, ohne die Arbeit zu unterbrechen, wenn wir sie ansprachen. Eine, die unsere Neugier bemerkte, rief uns zu, ohne aufzublikken: »Kutu — alias lice.«

Wir landeten bei einigen Dörfern der Insel — hat man eines gesehen, kennt man die übrigen. Die Gemeinschaftshäuser mit den spitz geschwungenen Giebeln sind zum größten Teil verschwunden; wo sie erhalten sind, werden sie gepflegt.

Human food. In Ambaritsa hörten wir einen Hund jaulen, ohne ihn zu sehen. Das Winseln kam aus einem Sack, der am Boden lag; zwei Männer standen dabei. Der eine hob den Sack und hängte ihn an eine Schnellwaage — für einen Hund verheißt es nichts Gutes, wenn er gewogen werden soll. Der andere Mann zog, als das Gewicht feststand, einen Strick mit einer Schlinge aus der Tasche; wir gingen weiter und warteten die Exekution nicht ab.

☆

Natürliche Maße. Das Außentor zum Sultanspalast muß so breit sein, daß ein Wasserbüffel mit seinen Hörnern, und so hoch, daß eine Frau mit ihrer Kopflast, ohne anzustoßen, hindurchgehen kann.

Wir beschlossen die Bootsfahrt auf der kleinen, parkartig gehaltenen Insel Palau Tao. Der Name hat nichts mit dem chinesischen »Urgrund« zu schaffen — *Palau* ist indonesisch die Insel, *Tao* der See.

Nachdem wir uns im Schatten eines Flammenbaumes erfrischt hatten, kehrten wir zum Ufer zurück. Der Bootsmann hatte die Rast benutzt, um zu angeln, und einen Fisch gefangen — ein Zug kleiner Ökonomie, der Goethe behagt hätte.

Der Typus der Bataks hat sich mir eingeprägt. Ich werde ihn auf den Flughäfen erkennen: Ureinwohner mit breiter, flacher Nase und vorgewölbter Oberlippe; das Gesicht scheint zusammengedrückt, was ihm einen düsteren Ausdruck verleiht. Dagegen kann ich mich an keinen Einzelnen erinnern, obwohl sie unter sich gewiß ebenso verschieden wie wir Westlichen sind. Je entfernter eine Rasse, desto mehr nimmt der Eindruck des Herdenartigen zu.

Spät noch ein Bad im See. Letzter Gruß der Hibiskusblüte, bevor sie sich schließt, an die Sonne —

nach deren Untergang. Das Rot wird trächtiger.

Diese Blüte ist ein Vexierbild: der Stempel gleicht einem Phallus, ist aber das weibliche, der Befruchtung harrende Organ. Die Manneszierde ist ihm in Anzahl, wie winzige Puderquasten, angefügt.

Auch im wallenden Saum der Staubgefäße um die Mohnkapsel wird die Trabantenrolle der männlichen Potenz anschaulich — vielleicht sogar die Überflüssigkeit. Schon ihre Masse ist suspekt. Auch bei gewissen Tieren ist, ähnlich wie beim Hibiskus, das Männchen dem Weibchen auf parasitäre Weise angeheftet, es kann sogar ein inneres Organ darstellen.

Der Hermaphrodit ist, botanisch gesprochen, einhäusig. Er wirkt in der Kunst um so überzeugender, je mehr die weiblichen Charaktere vorwiegen.

Für bedenklicher als nur für ein schlechtes Zeichen halte ich, daß ich auf meinen jüngsten Reisen immer seltener einer Schlange begegnet bin. In Ambaritsa rief mich das Stierlein; es hatte eine kleine Natter in einer Mauer verschwinden gesehen. Offenbar wird das Tier dort geduldet, denn eine Batak-Frau rief: »snake«.

Die Gäa häutet sich nicht nur; sie zieht sich in ihren Geheimnisstand zurück.

Parabat, 21. April 1986

Vorm Erwachen: ein Herr mit Spitzbart, im Gehrock die Straße vor seiner Tür fegend.

Aha — ein Arzt mit Kinderklinik, acht Betten, zur Zeit in Verlegenheit, weil die Schwestern krank geworden sind. Woher wußte ich das? Ich hatte durch die halb geöffnete Tür eine Kommode mit acht Schubladen gesehen und las es aus der Maserung.

Kein Frühstück ohne Papaya. Sie schmeckt hier unvergleichlich besser als alle, die in Europa zu kaufen sind. Auch hier sind jene, die in den Vorgärten wachsen, den Plantagenfrüchten vorzuziehen. Aulagnier warnt sogar in seinem »Dictionnaire des Aliments« vor den im Treibhaus gezogenen — sie seien von abscheulichem Geschmack. Dagegen rühmt er ihre die Verdauung fördernde Kraft. Der rote Farbstoff des Saftes sei dem des Blutes verwandt.

Nachmittags beim Tee. Vor dem Bungalow blühen Orchideen auf einem schmalen Beet. Ich sah dort Landungen wie auf einem Liliputaner-Flugplatz und fand die Blätter, als ich sie untersuchte, von Epilachnen besetzt.

Epilachna ist »oben Wolle« — der Gelehrte, der das Tier benannte, fand im Unterschied zu dessen nahen Verwandten den Rücken behaart. Die Arten dieser Gattung leben auf Kürbisgewächsen — unter anderem nahm es mich wunder, daß die auch bei uns heimische bis nach Südafrika hin zu finden ist. Vielleicht verbreitete sie sich von Oase zu Oase bis dorthin. Zu Haus hatte ich im Weltkatalog nachgeschlagen, der eine Reihe von Sumatraner

Spezies registriert. Es war daher nicht merkwürdig, einer von ihnen hier zu begegnen, wohl aber,
daß eine Orchidee von ihr befallen war.

Diese Notiz gehört eigentlich in das entomolo-
gische Journal, dagegen geht der Anflug von Miß-
mut, der mich befiel, als ich das Tier in der Hand
hielt, darüber hinaus: »Wozu stopfst du dir den
Kopf mit diesem Ballast voll?« Dabei behalte ich
nicht einmal meine Telefonnummer. Aber es geht
doch wohl etwas darüber hinaus, das einer ständigen und nie an Reiz einbüßenden Lektüre zu ver-
gleichen ist. Es reicht sogar tiefer — was dort die
Grammatik, ist hier die unmittelbare Bilderschrift.

Parabat, 22. April 1986

Unruhige Nacht. Gewitter — das Morgenbad im
See war erfrischender. Gedanke: wie viele mögen
hier schon ertrunken sein? Darüber gibt es keine
Statistik, wohl aber eine Buchführung.

Nach Mitternacht weckte mich eine Dankeswelle
für Eltern, Lehrer, Kameraden, Nachbarn, unbe-
kannte Freunde, ohne deren Hilfe ich nie mein Alter erreicht hätte. Meine Knochen würden in der
Sahara bleichen, in einem Granattrichter modern;
ich würde in Lagern oder Zuchthäusern ver-
schmachtet sein. Wer weiß, wer für mich eintrat,
wo um Köpfe gehandelt wurde, wer für mich Ak-
ten fälschte oder verschwinden ließ. Man sagt:
»Freunde in der Not gehen hundert auf ein Lot.«
Aber einer genügt; ich habe gute Erfahrungen. Ob

bei leichten Havarien, ob in schweren Katastrophen — es war immer einer da. Das kann kein Zufall sein.

Was hat also gefehlt — abgesehen davon, daß ich es in jedem anderen Lande der Welt weiter gebracht hätte? Ich meine, es fehlte einer, der den Weg kennt, also ein Kundiger. Er hätte mir viel Umwege erspart. Der Kundige kann als Kamerad, als Onkel, Lehrer, Führer, Priester auftreten, besser noch als Unbekannter an den Rändern der Gesellschaft — in jedem Fall als Mitverschworener. Er ist kein Guru der hohen Weisung, sondern ein Wissender, der die banale Praxis des Lebens aus Erfahrung kennt. Er kann gescheitert sein — vielleicht ein Gast, den die Eltern mit Mißtrauen betrachtet, vor dem sie gewarnt haben, weil sie witterten, daß er ihre moralischen und sozialen Maximen nicht teilte, vielleicht sogar sich darüber belustigte.

Gegen die Konvention mit ihren Vorurteilen kam auch die gute Mutter nicht an, als meine ersten erotischen Wallungen sie befremdeten. Dabei hatte sie, um nichts zu versäumen, Rousseaus »Emile« gelesen und hegte fortschrittliche Ideen. Hier ist eine Klippe, die einen guten Piloten verlangt.

Von der Begegnung mit dem Kundigen sind Weisungen zu erwarten, die in die Praxis ausstrahlen. So in die Gesellschaft: Wie bewegt man sich in der Masse, in der Menge, mit wenigen, dann mit dem Einzelnen? Was sind die Zeichen, an denen man sich erkennt? Endlich die Wahl, die Werbung, Theorie und Praxis der Vereinigung. Hier sollte dem Kundigen die erfahrene Frau zur Seite stehen.

Unkenntnis und Mißachtung der Mysterien fordern unerhörte, meist verborgene Opfer, und wie leicht wären viele auf den rechten Weg gebracht. Das gilt auch für die Medizin, speziell für das Reich der Drogen und ihre Anwendung. Die großen Arkana sind zu Rausch- und Genußmitteln degradiert. Der übliche Einstieg führte durch die akademischen Trinksitten nicht weiter als zu einer fidelitas, die erheblichen und oft dauernden Schaden stiftete. Nietzsche hat sie mit Recht gerügt, und gerade bei ihm hat man den Eindruck, daß ein Hauch von Eleusis ihn anrührte.

Durch die Unterwelt von Eleusis haben Kundige zum Licht geführt. Heut staubt dort eine Betonfabrik. Die geistige Lage der Gegenwart mit ihrem wachsenden, durch keine Wohlfahrt zu befriedigenden Hunger nach Transzendenz erinnert an den Einbruch des Weines in die archaische Gesellschaft und bestätigt wieder, daß Dionysos kein durchaus heiterer Festherr ist. Was damals Indien, ist heute Mexiko.

Sich innerhalb einer nach allen Seiten hin fragwürdigen Gesellschaft zum Märtyrer zu machen, ist eine Dummheit, keine Heldentat.

Dufners verabschiedeten sich von uns. Sie wollen Frau Schneiders Berghaus noch einen Besuch ab-

statten und dann nach Kuala Lumpur zurückflie-
gen. Nur ungern sahen wir sie scheiden — wir bilden ein harmonisches Quartett.

Zuvor fuhren wir noch einmal zum Golfplatz
hinauf, um nach einer Hummel zu fahnden, die mir
schon in Fraser's Hill aufgefallen war. Ein stahl-
blaues Tier mit gelbwollig behaartem Halsschild
— hier ging es uns dreimal ins Netz, während ein
irisierender Cetonide, der seine Bahn kreuzte, uns
entkam.

Pematang Siantar, 23. April 1986

Auf Reisen gibt es zwei Flauten — einmal die Er-
müdung des ersten Abends, an dem die neue Umgebung befremdet, und dann die Stunden vor der
Abfahrt, während man auf den Koffern sitzt. So
gestern, nachdem Dufners uns verlassen hatten
und die Stunden versickerten.

Endlich hörten wir sanguinische Sprünge auf
der Treppe, die von der Straße durch den Garten
führt. Es erschien Eduard Diehl, Freund und Kollege, der uns nach Siantar abholen wollte und sich
der Verspätung wegen entschuldigte, da er gera-
dewegs von einem Entomologen-Kongreß aus Budapest komme. Er stellte zur Begrüßung eine Flasche gut gekühlten Champagners auf den Tisch
und brachte Leben in den Bungalow. Sogleich ent-
spann sich ein Pingpong-Gespräch, dem es an
Stoff nicht mangelte.

»Endlich, endlich kommt einmal«, wie Johann
Christian Günther aus Schlesien sagt. Der Besuch
auf Sumatra, schon vor zwölf Jahren für meinen
achtzigsten Geburtstag verabredet, verwirklicht

sich nun. Wir korrespondieren seit langem, haben uns auch einmal in Wilflingen »zwischen zwei Tennis-Turnieren« gesehen.

Die Aussicht auf diesen Besuch hatte den letzten Anstoß zu unserer Reise gegeben; ein besonderer Umstand kam noch hinzu: ein vom Kollegen hier entdeckter Falter sollte meinen Namen tragen — es ist eine Aufmerksamkeit unter Entomologen, einem Geschätzten auf diese Weise den Turban zu erhöhen.

Inzwischen hatte sich aber herausgestellt, daß die Art im Britischen Museum, das die größte Sammlung von Sumatranern verwaltet, vorhanden und bereits beschrieben ist. Eduard Diehl meinte, der Schaden sei leicht zu beheben — ich möge mir an Ort und Stelle von seinen Lichtfängen ein Prachtstück aussuchen. Es sei immer etwas Neues dabei.

Nun erfahre ich, daß sich das Blatt schon wieder gewendet hat, da ein jüngst entdeckter Falter die Lücke geschlossen hat: Eurias juengeriana, beschrieben vom Professor Kobes in Göttingen. Ich konnte schon die Abbildung des Weibchens auf einer japanischen Druckfahne bewundern, die sein Entdecker mitbrachte: ein zartes Geschöpf in grün-rosa-grauen Pastelltönen.

Der Doktor meinte, mit der Beschreibung und Registrierung der Arten sei Eile geboten, denn bei der rapiden Vernichtung der Wälder würden viele bald ausgestorben und nur noch in den Museen zu finden sein. Seine Prognose ist ungünstig:

»Naturschutz aller Art kann nur Sinn haben, wenn wir die Lebensräume nicht antasten. Das ist nur möglich, wenn die Weltbevölkerung nicht weiter zunimmt, ihr Wohlstand nicht wächst. Da in der Dritten Welt mit einer lang anhaltenden Vermehrung zu rechnen ist, wird die Zerstörung nicht aufzuhalten sein. Jeder Neugeborene braucht einen Lebensraum — das geht, auch wenn er in der Stadt wohnt, letzthin auf Kosten der Natur. Nur wenn die Bevölkerungsexplosion unverzüglich gehemmt wird, läßt sich der tropische Wald retten. Durch die Vernichtung der Regenwälder werden neun Zehntel aller Pflanzen und Tiere ausgerottet, von denen viele noch nicht beschrieben sind. Artenschutz heißt Schutz der Lebensräume und nichts anderes.«

Dem mußte ich aus eigenen, nicht nur in den Tropen, sondern auch in der Heimat gesammelten Erfahrungen leider zustimmen. In vielen Ländern ist der Naturschutz den Landwirtschaftsministerien angegliedert und so der Bock zum Gärtner gemacht. Ich konnte den Artenschwund innerhalb der wenigen Jahrzehnte verfolgen, die ich in Wilflingen verbracht habe.

Dabei frage ich mich, ob diese Zerstörung trotz ihrem Umfang nicht erst die Haut berührt. Wie bei einer Springflut häufen sich verschiedene Kreisläufe: Zunächst jener des Cäsarismus, wie Spengler ihn beschrieben hat. Die neuen Cäsaren sind Arbeiter. Sodann der Eintritt in ein anderes Sternzeichen. Wir kennen aus humaner Erfahrung deren drei: Stier, Widder, Fische, die sich in der historischen Entwicklung erstaunlich ausprägen. Über das vorhergehende, die Zwillinge, ließe sich auf

Grund der Einsichten in den Vorpyramidenstil eine Theorie bilden. Dem nun anhebenden, dem Weltzeitalter des Wassermannes, wird eine ungemeine Vergeistigung zugeschrieben, die sich vorerst zerstörend, als Nivellierung, ankündet. Die Abholzung der Wälder, ihre Verwandlung in Steppen und Wüsten ist eines der Symptome unter anderen. Das Unheil wird vorausgesehen, doch nicht gebannt. Überhaupt ist zu befürchten, daß dort, wo Entscheidungen anstehen, jene gewählt wird, die das größte Maß an Zerstörung bringt.

Dann endlich die Wiederkehr im Schrittmaß vieler Millionen Jahre, verbunden mit anderen Klimaten und neuen Tierstämmen: die Erde häutet sich. Dazu der Göttersturz durch Promethiden, die ein neues Feuer heraufholen.

Doch zurück zum Gespräch. Als skeptisch erwies sich der Doktor, den ein scharf rationales Denken auszeichnet, auch hinsichtlich seines Berufs. Er leitet in Siantar ein Krankenhaus, dem er den Namen »Humanitas« gegeben hat, und ist weithin als Chirurg bekannt. Das Einrichten gebrochener Glieder geht ihm besonders gut von der Hand.

Seine Wertung der Medizin im allgemeinen: sie nützt den Individuen, schädigt die Spezies. Die übertriebene Wohlfahrt des Einzelnen geht auf Kosten der Art. Daher die Überalterung, die Übervölkerung, die Häufung von Unrat und Abfällen. Die Wälder sterben, die Wüste wächst.

☆

Bald stellten sich die Belesenheit und das phäno-
menale Gedächtnis des Gastfreundes heraus. Sie
befähigten ihn, jede Bemerkung mit einer oder
auch mehreren Anekdoten zu quittieren, die oft
gereimt waren.

Die Lust zu zitieren, zu Anfang des Jahrhunderts noch sehr lebendig, schwächt sich ab. Wie
meiner Mutter der »Faust«, meinem Vater der
»Wallenstein« geläufig waren und wie Verse von
Wilhelm Busch bei jeder passenden und unpassen-
den Gelegenheit ihre Wirkung nicht verfehlten, so
bildet für Eduard Diehl das Werk Eugen Roths
eine unerschöpfliche Zisterne der Heiterkeit. Bald
schien uns: er weiß es auswendig. Ich habe mit
dem Dichter kurz vor seinem Tode einen Abend in
München verbracht; er hat mir auch ein Gedicht
im Stil seiner Sammlung »Ein Mensch« gewidmet,
doch kenne ich sein Opus mehr durch den Wider-
hall, den es gefunden hat. Daß es hier etwas nach-
zuholen gilt, ließen mich die Stichproben vermu-
ten, die Eduard Diehl freigebig ausstreute. So über
seinen Beruf:

> Was bringt den Doktor um sein Brot?
> a) die Gesundheit, b) der Tod.
> Drum hält der Arzt, auf daß *er* lebe,
> Uns zwischen beiden in der Schwebe.

Dann über Fehlgriffe, die unvermeidlich und beim
Chirurgen besonders sichtbar sind:

> Hast du im Leben hundert Treffer:
> Man siehts, man nickt, man geht vorbei;
> Doch wütend bellt der kleinste Kläffer,
> Schießt du ein einzges Mal vorbei.

Das könnte ich auch für meine Notizen über »Autor und Autorschaft« abzweigen.

Wir brachen dann auf nach Siantar, einer Stadt mit etwa einer Viertelmillion Einwohnern. Diese Zahl ist, wie Eduard Diehl sagte, über den Daumen gepeilt. Um einen kolonialen Kern herum dehnt sich die Siedlung immer lockerer aus. Der Blick reicht über Gummi-, Kakao- und Ölpalmenhaine bis zu den Hütten am Waldsaum, deren Papayas Affen und große Fledermäuse zur Nacht heimsuchen.

Während der Fahrt durch den Wald begleitete uns ein Gewitter mit violetten Blitzen; trotzdem ließ unser Freund sich nicht anfechten. Als Entomolog von Geblüt wollte er die Gelegenheit zu einem Lichtfang nicht versäumen; er hieß den Fahrer in einen verrotteten Weg einbiegen, wo er sein Fangzelt aufzustellen gedachte — der Saum an einer Felswand war ihm als günstig bekannt.

Allein die Absicht wurde vereitelt: der Himmel hatte seine Schleusen geöffnet; es prasselte unaufhörlich aufs Verdeck. Wäre das Zelt schon aufgerichtet gewesen, hätte es keine Schwierigkeit gegeben, denn es ist geräumig und besitzt ein regendichtes Dach. Dazu bequeme Sessel, als Tisch dient der Picknick-Korb, die Stirnwand ist ausgespart. So läßt sich der Anflug auf die Leinwand behaglich und bei gutem Gespräch beobachten, doch in den Wolkenbruch konnten wir uns nicht hinauswagen. Zudem drohten Erdrutsche und entwurzelte Bäume, die uns den Rückweg abgeschnitten oder zum mindesten erschwert hätten. Nachdem wir bis weit über Mitternacht gewartet hatten, ohne daß die Sintflut nachließ, gaben wir auf.

Als uns in Siantar der Wächter das Tor geöffnet hatte, begrüßte uns drinnen die charmante Hausfrau: Herlina Diehl. Es ging schon gegen Morgen, doch ist sie an solche Verspätungen gewöhnt — offenbar spielt auch die Zeit hier eine geringere Rolle als bei uns. Man lebt à la fortune du pot.

Der Hausherr wird durch drei Passionen in Anspruch genommen, die seine Tage und manche Nacht fast nahtlos ausfüllen: die chirurgische Praxis, die Entomologie und das Tennisspiel, bei dem er bis in die jüngste Zeit Turniere gewonnen hat und die er auch am Bildschirm genießt. Er verfügt über ein enormes Gedächtnis, ein vorzügliches Auge und eine sichere, in seinem Beruf sogar goldene Hand. Diese Eigenschaften begünstigen ihn auch als Entomologen zur Unterscheidung feinster Merkmale und kommen ihm bei der Subtilen Jagd auf verborgene und schnell fliegende Spezies zugut.

Die Gattin hat er als Patientin auf dem Operationstisch kennen gelernt. Sie hatte sich als Fünfzehnjährige bei einem Sturz mit dem Motorrad ein Bein gebrochen, das schief eingerichtet worden war. Er brachte es in seiner Klinik wieder in Façon, befreite sie vom Hinken und gab ihr den natürlichen Gang zurück. Bei der Behandlung muß es den coup de foudre gegeben haben — ihm folgte vor zwei Jahren die Heirat; vor kurzem wurde ein Töchterchen geboren, das Manuela heißt.

Frau Herlina ist Malaiin — daß er sich mit ihr
nach islamischem Ritus trauen ließ, machte dem
Doktor nichts aus. Den kleinen Gefallen tat er
dem Schwiegervater gern, dem sehr daran gelegen
war, obwohl der Koran dem Manne bedeutende,
ja fast absolute Rechte gewährt. Schwieriger ists
schon auf Reisen wie eben jetzt in Budapest —
dort hatte der Gatte, um Herlinas Gewissen zu be-
ruhigen, in den Hotelküchen forschen müssen, ob
die Ragouts und Saucen nicht etwa mit Schweiner-
nem versetzt wären.

Siantar, 24. April 1986

Vormittags besuchten wir den Doktor, der trotz
der fast durchwachten Nacht schon munter bei der
Arbeit war, in seinem Sprechzimmer. Die Patienten, manche auf Krücken, andere mit einem Arm
in der Schlinge, stellten sich vor; eine chinesische
Schwester reichte ihm das Röntgenbild. Der Chef
fand die Fortschritte der Heilung durchweg befrie-
digend und sprach den Rekonvaleszenten auf ma-
laiisch und chinesisch zu. Er wollte uns nun zeigen,
wie er ein zerbrochenes Schulterblatt richtete. Der-
artiges sehe ich ungern und zog es vor, mit dem
Stierlein in den weiträumigen Park der Klinik zu
gehen, wohin der Doktor uns noch für die kurze
Spanne begleitete, während deren der Patient be-
täubt wurde. Da er keine Minute verplempert, ver-
säumte er dabei nicht, sich nach den Schmetterlingen umzusehen. Daran fehlte es nicht; einige ruh-
ten an den Fenstern eines überdachten Ganges,
andere flatterten über den Rabatten oder zwischen
blühenden Gebüschen umher. Ein wichtiger Teil

dieser Jagd besteht in der Erkundung von Fraß-
spuren; hatte der Kollege ein angenagtes oder
durchlöchertes Blatt entdeckt, dann war auch die
Raupe nicht fern.

Die Sonne stand im Zenit; in der Hitze verflüch-
tigte sich die Essenz der Blüten, Kräuter und
Gewürzhölzer. Die Wege waren von Zitronella-
Gras gesäumt, das für die Parfümerie angebaut
wird. Auch das Blatt des Mangobaumes, zerrieben,
riecht angenehm. Neben den Bambushecken durch-
stießen neue Triebe mit Köpfen wie Riesenspar-
gel den Boden, waren auch feinblättrig gemustert
wie sie.

Es war Mittag; die Patienten saßen vor den Tü-
ren der einfachen Unterkünfte und löffelten ihren
Reis aus Näpfen, die sie auf den Knien hielten; sie
begrüßten uns freundlich, wenn wir vorbeikamen.
Da die meisten Muslime sind, gehört auch eine
kleine Moschee zur Anlage. Wir erfuhren, daß der
Aufenthalt in der Ersten Klasse mit Verpflegung
täglich etwa zwanzig Mark kostet. Für die Zweite
Klasse wird entsprechend weniger berechnet, und
Arme behandelt der Doktor fast umsonst. Das
bringen reiche Chinesen wieder ein; auch wenn sie
den Cadillac in der Garage lassen und im Volks-
wagen vorfahren, erkennt er sie sofort.

Als wir in die Klinik zurückkamen, mußten wir
doch daran glauben und einer Kropfoperation,
einer »Enukleation«, beiwohnen. Der Operations-
saal, mehr ein größeres Zimmer, war einfach, der
Tisch, eher eine Liege, primitiv. »Die Patienten

sehen das lieber als eine blitzende Apparatur; sie erschrecken hier weniger.«

Auf dem Tisch lag eine zwanzigjährige Malaiin; sie zählte, bis sie sich verwirrte — die Narkose war leicht. Während der Doktor den Schnitt führte, erklärte er sein Werk und legte dabei die Zyste, eine kirschgroße Kugel, frei. Als er sie anstach, sprang eine kleine, dunkle Fontäne auf. Er entfernte das Gewächs, dann kam die Naht. Das Ganze war in zehn Minuten geschehen. Der Kopf der Frau oder des Mädchens war bedeckt, der Hals glatt, rund und sehr schön. Da war etwas Gutes vollbracht.

Außer der Schwester, die das Blut abtupfte, waren zwei malaiische Assistenten dabei, denen mich der Doktor vorstellte, während sie ihm zur Hand gingen. Immer häufiger wird bei solchen Gelegenheiten mein Alter hervorgehoben, das anderen offenbar merkwürdiger erscheint als mir selbst. Mich wundert nur, daß ich es bei meinen Umtrieben überhaupt erreicht habe. So hörte ich auch hier, wie Eduard Diehl zu seinen beiden Kollegen sagte, indem er auf mich deutete: »This gentleman has ninety-one years.«

Der eine fragte sogleich: »Do you smoke?«, was ich mit gutem Gewissen verneinen konnte, da ich es nur hin und wieder nach langen Pausen tue; auch inhaliere ich nicht dabei. Wollte ich mich nun rühmen, indem ich sagte, daß ich mir täglich eine Flasche Rotwein genehmige? Zum Glück fiel mir ein, daß das einem Moslem gegenüber wenig angebracht sei, und beeilte mich also, hinzuzufügen:

»Aber ich esse nie Schweinefleisch«, was zwar nicht stimmte, aber beifällig akzeptiert wurde.

Zuckerkrankheit ist, besonders bei wohlhabenden Chinesen, häufig; die Patienten können die Diagnose selbst stellen: Wenn sie im Freien Wasser lassen, strömt im Nu eine Menge Ameisen herbei, falls sie nur die leichteste Süße im Harn spüren.

Siantar, 25. April 1986

Exkursion in die Wälder oberhalb des Toba-Sees. Der Doktor kam pünktlich, obwohl es eine schwierige Operation gegeben hatte: »Knochensalat. Aber der mit dem Nierenstein kann warten — hat ihn schon zehn Jahr im Leib.«

Am Wege häufig: Arenga, die Zuckerpalme, über die ich mich schon zu Haus in Seemanns »Naturgeschichte der Palmen« orientiert hatte, der Alexander von Humboldt ein Vorwort gewidmet hat. Es überraschte mich nicht, diesen Baum in so großen Beständen angepflanzt zu sehen, da sein vielfältiger Nutzen noch den der Kokospalme übertrifft. Er wird vorwiegend seines Saftes, des berühmten Toddy, wegen kultiviert. Dieser Saft fließt zwei Jahr lang aus den »gepeitschten« Blütenkolben; er wird frisch als Most und vergoren als Palmwein getrunken oder zu einem Zucker von besonderem Wohlgeschmack raffiniert. Auch wird ein Arrak aus ihm destilliert; der Doktor konnte mir nicht sagen, ob man ihn jetzt noch den »batavischen« nennt. Die Fruchtkerne der Zucker-

palme sind eßbar, aus dem Mark wird ein sagoarti-
ges Mehl gewonnen; die schwarzen, dem Pferde-
haar ähnlichen Fasern dienen zu Seilerwaren, die
Wedel zum Dachdecken. Die ausgehöhlten Stämme
sind als Wasserrohre besonders brauchbar, weil
sie lange im Boden ausdauern. So ließe sich noch
mehr aufzählen: der Baum ist gleich dem Lama
durchaus nützlich; ich weiß nicht, ob er, wie die
Dattelpalme in Ritter, schon seinen Monographen
gefunden hat — er hätte es verdient.

Solange der Saft fließt, wird er täglich gezapft.
An einem der Stämme lehnte die einfachste Leiter,
die man sich denken kann: ein hohler Bambus-
Schaft mit Ausschnitten gleich Mauslöchern, in die
gerade der große Zeh geschoben werden kann.

Immer wieder welkes Laub in der tropischen
Kulisse: die Nelkenbäume sterben an einem Virus,
das eine Wanze überträgt.

Wir rasteten dort, wo wir auch vorgestern während des nächtlichen Unwetters geweilt hatten. In
der Tat hatte es Erdrutsche gegeben; entwurzelte
Bäume lagen quer über dem Pfad. Ich verfolgte
ihn bis zu einer Lichtung, die für den Bau einer
Schule ausgehauen war — einer zum Teil schon
begonnenen Anlage mit Nebengebäuden wie Ga-
ragen und Wächterhäusern, doch menschenleer.
Ein guter Gedanke: die Kinder inmitten der ursprünglichen Natur zu erziehen. Leider war der
Platz inzwischen unzugänglich geworden; die Zu-
fahrt war streckenweis in die Schluchten ge-
schwemmt und mit ihr die Brücken, Lichtmasten

und Leitungen. Trotz der Mittagssonne ließ sich der Eindruck gespenstischer Blässe nicht abweisen. Nachdem ich dieses Muster einer Fehlplanung bewundert und auch ein wenig botanisiert hatte, kehrte ich zum Rastplatz zurück und fand dort den Doktor und das Stierlein, beide mit Netzen, schon in Aktion.

Vertraute Stimmung, lateinische Gattungs- und Familiennamen nach Herzenslust. »Da oben fliegt was Gutes. Kommen Sie schnell; ich habe eine Cicindela gesehen.« Es versteht sich für den Entomologen, daß das Gute besser als das Schöne ist. Jeder Augenblick brachte eine neue Überraschung — hier den Landkartenfalter auf indonesisch, dort eine Euploea, deren Duftpinsel nach Vanille riecht.

Die Papiliones, von Linné zu Recht die Ritter genannt, behaupten unter den Schmetterlingen eine ähnlich fürstliche Stellung wie die Palmen im Pflanzenreich. Bei uns sind sie durch den Schwalbenschwanz und den Segelfalter vertreten, deren Anblick manchen schon in der Kindheit bezaubert und als Liebhaber gewonnen hat. So ging es auch mir und dem Bruder; wir sahen den Schwalbenschwanz über den Möhrenbeeten des Rehburger Gartens gaukeln und sammelten die Raupen zur Verpuppung ein.

Wie an manchem tropischen Mittag kam mir auch hier der Gedanke: »Nur der Papilio fehlt noch« — und, wie beschworen, stellte er sich ein. Hier schwebten viele Arten, von der kleinsten bis zu den großen, darunter das Wappentier Malaysias: der prächtige Rajah Brooke's.

Zwei Dessins: dunkle Muster auf leuchtend gelbem Grunde und grüne Streifen auf schwarzem Sammet. Doch ich will mich nicht weiter vertiefen; auch der Überfluß kann monoton werden. »Nur schöne Frauen« — eine Vorstellung, die zuweilen fast erreicht wird, doch auch erschreckt. Zudem stand uns noch Außerordentliches bevor.

Kurz vor der Dämmerung fuhren wir nach Parabat und stärkten uns in einer chinesischen Wirtschaft für die Nacht. Dann kehrten wir in den Wald zurück, und der Doktor schlug mit dem Fahrer das Fangzelt auf, dessen Konstruktion er ersonnen hat. Dank jahrelanger Übung war das im Nu geschehen. Die Innenwände beleuchtet eine blendend helle Lampe, die über ein Kabel von einem Generator Strom empfängt. Das Wetter blieb insofern günstig, als der Mond verhangen war und sein Licht die Wirkung der Lampe nicht abschwächte.

Nachdem wir uns kaum eingerichtet hatten, begann der Anflug aus dem Walde — zunächst als Wirbel um die Lampe, der sich dann auf die Zeltwände verteilte, die bald innen und außen dicht besetzt waren. Auch das durchsichtige Dach wurde zum Landeplatz. Es gab sogar einen Überhang insofern, als die großen Nachtfalter mit ihren Flügeln die kleinen Arten verdeckten, an denen dem Doktor vor allem gelegen ist. Auch wir selbst sahen uns bald wie die Federehannes der Rottweiler Fasnacht von Kopf bis Fuß geschmückt.

Wie gesagt, gilt die Nachstellung nicht den augenfälligen Arten — je größer und schöner ein

Falter, desto früher ist er bis zu den feinsten Varietäten bekannt. Eduard Diehl will vielmehr den Bestand aufnehmen, bevor die Vernichtung der Wälder ihn dezimiert. Was ihm am Nachtfang auffällt und in den Museen zu fehlen scheint, vielleicht sogar noch unbeschrieben ist, wird an Professor Kobes nach Göttingen gesandt, der die Ausbeute an Spezialisten verteilt. Auf diese Weise entsteht ein Beitrag zur Fauna Sumatras als kleiner Anteil einer ans Makabre grenzenden Vorsorge, die auch ins Große geht. Vor einigen Jahren besuchte mich ein amerikanischer Professor, der Meßdaten gotischer Kathedralen speicherte.

Das Flattern Hunderter von Flügeln wird durch derbe Schläge akzentuiert. Mausgroße Käfer, die langsam anbrummen, treffen wie Paukenschlegel auf. Gewichtig sind auch die grünen Zikaden; sie bleiben am Tuche hängen und schwirren, wenn sie gelandet sind. Ihr Schrillen gehört zur ständigen Musik des Urwalds, die kaum noch wahrgenommen wird.

Mit den Sphingiden, großen, eleganten Schwärmern, ist Eduard Diehl von Kindheit an vertraut. Er nennt sie bei Namen, sobald sie anprallen. Manche von ihnen, die früher jeder Schüler kannte, besitzen hier nahe Verwandte, so der Oleanderschwärmer und der Totenkopf. Auch unser Weidenbohrer, zwar kein Sphingide, fliegt in ostasiatischer Fassung an.

Bei solchen Begegnungen mischt sich Bekanntes mit Unbekanntem; das verwirrt nach Art der

Vexierbilder. Der erste Blick erfaßt das altvertraute Wesen, doch zugleich das neue Gewand, in dem es erscheint. Stilwandel innerhalb der Verwandtschaft — auch die amerikanischen Sphingiden haben ihr eigenes Webmuster.

Die Sphinxe kommen pfeilschnell; sie bleiben an der Zeltwand haften oder lassen sich fallen, indem sie die Dessous ausbreiten. Sie sind gewaltige Flieger; manche wandern wie die Zugvögel. Dank ihrer Stromlinien und ihrem zarten Flaume sind sie gut anzufassen — Torpedos, die gern in der Hand liegen.

Sphinx: ich hätte auf Linné als den Namengeber wetten mögen, doch war, wie ich sehe, der große Fabricius der Taufpate. Jedenfalls traf er ins Schwarze: von den Schwärmern geht ein besonderes Fluidum aus. Es ist zweideutig wie die Dämmerung, die sie bevorzugen, doch sind sie nicht darauf beschränkt. Mittagsflieger wie unser Taubenschwanz verharren gleich den Kolibris in praller Sonne vor den Kelchen, deren Nektar sie einsaugen, doch bei allen schimmern Flügel und Leibesringe in einem anderen Licht als dem des Tages — sowohl in der Palette wie im Detail. Manche der Muster wirken wattig, buntwolkig oder in Schlieren verschwimmend wie ein Schuß Absinth, der sich im Wasser verteilt, andere wiederum, als wären narkotische Essenzen darauf versprüht.

Das Spektrum ist vollständig, doch mondregenbogenfarbig; es harmoniert mit dem Duft von Blüten, die sich erst in der Nacht öffnen, und ist für feinere Organe als die unseren, mehr für den Tastsinn als für die Augen, bestimmt. Hier gäbe es Anregungen für Maler von Nacht- und Dämmerungsstücken in Füßlis Manier. Eine Auswahl würde genügen, denn von Sphingiden sind, wie ich von Eduard Diehl höre, weltweit an dreitausend Arten bekannt, manche als Unika.

Eine solche Auswahl könnte auch rein zur Betrachtung stimmen: meditativ. Die Farben haben ihr Eigenleben; sie finden sich auch auf der Innenseite von Muscheln, die in der Tiefsee schlummern — das deutet auf geheime Feste; durch einen Glücksfund dürfen wir daran teilnehmen.

Der Maler muß vor allem Übersetzer sein. Das erklärt einerseits den verdächtigen Glanz mancher brillanten Leistung und das Gefühl, daß hier ein Betrug obwalte, wie andererseits die Faszination selbst durch Bilder, denen technische Mängel anhaften.

Ich konnte mich im wesentlichen auf die Schau beschränken, obwohl es auch an Käfern nicht mangelte. Besonders die Geweihten und Gehörnten waren schon im Anflug nicht zu überhören; stattliche Vertreter stellten auch die »Böcke« mit den langen Fühlhörnern, darunter die Batocera, eine Gattung, die zahlreiche Liebhaber gefunden hat. Selbst der Maikäfer erschien in vielen Kostümen, auch in einem kreideweißen, und als Koloß, verglichen mit unserem heimischen.

Zuweilen stand ich auf, um die Wände mit der Lupe zu revidieren oder ein Schaustück einzuheimsen, das auf dem Boden lag. Wollte ich mich zu Haus auch noch mit tropischen Arten beschäftigen, so würde der Tag, selbst wenn ich die Nacht zu Hilfe nähme, nicht ausreichen.

Wenn die alten Sammler vor dem »Exotenwust« warnten, hatten sie dabei freilich nur die menschliche Fassungskraft angesichts unermeßlicher Reichtümer im Sinn, denn Ordnung ist auch in den Urwäldern. Sie wird überschaubar durch Aufteilung des Artenkreises in Sektoren, auf die sich Einzelne mit Bienenfleiß spezialisieren, bis ein Monograph sie wieder zusammenfügt.

In dieser Hinsicht konnte ich Kollegen durch bescheidene Beiträge behilflich sein: hier eine Cantharide für den Doktor Wittmer in Basel, dort ein Paederus für den Doktor Puthz in Schlitz — auch einen Onthophagus für einen Abiturienten, der sich dieser über alle Kontinente verbreiteten Kohorte zu widmen gedenkt. Dabei ist schon die Lupe nötig; meist treffe ich die Familie, oft auch die Gattung — doch gibt es Überraschungen: Maskierungen, Extravaganzen in Form und Farbe. Proteus kichert im Hintergrund.

Mir selbst gönnte ich etliche Prachtstücke; besonders hatte ich auf eine nächtliche Cicindela gehofft. Ausnahmen bestätigen die Regel: Sonderlinge unter diesen Mittagsfliegern haben sich an die Finsternis gewöhnt. Merkwürdig, daß sie trotzdem zum Licht streben — es wirkt offenbar, wie auf viele dieser Nachtgeister, magnetisch auf sie. Einmal höre ich das Stierlein von der Außenseite des Zeltes: »Schnell, eine Cicindela« — doch ist sie im Gewimmel verschwunden, bevor ich ankomme.

✩

Erst weit nach Mitternacht brechen wir auf. Es gibt passionierte Entomologen, das ist sogar die Regel, doch auch fanatische, zu denen ich Eduard Diehl rechne. Ich sehe ihn vor der Leinwand hin und her springen, während der Fahrer das Zelt abbaut. Er wirft noch einen letzten Blick darauf; es könnte doch noch etwas Gutes oder gar Neues angeflogen sein. Noch in der Nacht wird er die Ausbeute sortieren, vielleicht auch Briefe an Kollegen schreiben, und am Vormittag wieder operieren — manchmal scheint es, als ob er ohne Schlaf auskäme.

Aladins Garten kam mir bereits in den Sinn. Nach dieser Nacht könnte ich auch von Aladins Zelt sprechen.

Brastagi, 26. April 1986

Vormittags versorgte ich den Fang und ging mit dem Stierlein in die Stadt auf den Markt. Ein Markt muß gut, aber er darf nicht durchaus gut riechen — eine Ahnung von Vergänglichkeit, von Verwesung gehört zur Essenz, wie zum Rosenöl ein Hauch von Skatol. Eine Motorrad-Rikscha brachte uns zurück.

Uns an die Hausordnung zu gewöhnen, fällt uns nicht schwer, da große Freiheit herrscht. Die dienenden Geister sind unsichtbar wie ehedem die Heinzelmännchen zu Köln. Am Eßtisch treffen wir uns zufällig. Auf ihm steht eine große Glocke, die ein kaltes Buffet gegen Fliegen und Ameisen schirmt. Man hebt sie ab und bedient sich nach Be-

lieben; die Gerichte werden hin und wieder ergänzt. Das macht den Eindruck eines Frühstücks,
das sich über den Tag erstreckt.

Wenn es dem Hausherrn einfällt, Tennis zu
spielen, begleiten wir ihn auf verschiedene Plätze
der Umgebung, die in tropischen Parks liegen.
Dort findet er immer Partner und spielt, bis die
Fledermäuse fast deutlicher als der Ball zu sehen
sind.

Immerhin konnten wir, als wir heut mittag mit
ihm im Auto saßen, unser Erstaunen nicht verber-
gen, als wir erfuhren, daß eine zweitägige Fahrt
bevorstünde. Aber wir hörten zum Trost: »Zahn-
bürsten gibt es überall.«

Wir fuhren wieder auf die Berge oberhalb des
Toba-Sees, sammelten an den Wegrändern, rasteten gegenüber einem hohen, fadendünnen Wasserfall und blieben in Brastagi über Nacht. Die
Stadt hat einen berühmten Markt, auf dem Früchte, Gemüse und Blumen feilgeboten werden; sie
liegt weit von Siantar entfernt. Trotzdem hörten
wir immer wieder das »Hallo, Doktor« der Markt-
frauen, die seine Monogramme am Leib tragen.

Aladins Zelt war im Gepäck, doch schien es einfacher, die weiße Mauer eines Hauses anzuleuch-
ten, das im Gelände stand. Bald hatten wir guten
Anflug, doch auch das Pech, daß drinnen eine chinesische Hochzeit gefeiert wurde und die Gäste
neugierig herausströmten. Da war es nach einigen
Treffern mit der Jagd vorbei.

Siantar, 27. April 1986

Über Nacht in Frau Schneiders Bergbungalow; wir wurden von dem malaiischen Hausmeisterpaar verwöhnt. Zwar gab es keine Zahnbürste, doch alles, was man sich wünschen konnte, sogar einen Kamin, der auf dieser Höhe nicht überflüssig war.

Als ich am Morgen ins Freie trat, schien es mir, als ob ich noch nie einen so schönen Park gesehen hätte, und ich kenne deren viele, auch sehr große, mit denen verglichen dieser eher ein geräumiger Garten war. Aber die Harmonie beglückte unmittelbar.

Einem Garten geben Blumen, einem Park Bäume das Gesicht. Deren Eigenart muß durch gebührende Abstände gewahrt werden. Das war hier gelungen; ebenso war Pücklers idealer Wunsch nach dem Abschluß durch einen fernen Hintergrund erfüllt: durch eine Bergkette, aus der Vulkane ragten — aus einem stieg, als ob er an der Flanke verwundet wäre, ein heller Rauch empor.

Das Einzigartige an diesem Park war die Gesellung von Gewächsen, wie man sie in botanischen Gärten nur durch Warm- und Kalthäuser erreicht. Der Boden schien mit gleicher Kraft Blumen, Sträucher und Bäume der gemäßigten, subtropischen und tropischen Zone hervorzubringen; das war außerordentlich — ich merkte es erst, als ich mich dem Einzelnen zuwandte.

Vertraut aus dem heimischen Garten waren Rose, Begonie, Fuchsie, Dahlie, Zinnie, Sonnenblume — neben den mittelmeerischen Bekannten wie Feige, Rhizinus, Hibiskus, dieser mit goldenen Trompeten, wie ich sie hier zum ersten Male sah,

Neu war mir auch, daß die Blätter des Wandelröschens, wenn man sie reibt, nach Pfefferminz duften. Überraschungen ferner bei den Zitrusfrüchten, so eine Zitrone ohne Spitze, die einer länglichen Apfelsine glich, und eine bittere Orange, kaum größer als eine Olive, doch ähnlich geformt. Uns ist sie seit kurzem als »Qumquat« bekannt.

Tropisch: Flamboyant, Papaya und Mango, hohe Palmen, an denen exotische Spechte ihre Spiralen drehen.

»Ein wahres Arkadien«, sagte ich beim Frühstück zu Eduard Diehl, »hier wächst die Erdbeere neben der Ananas.« Er hatte auch die Erklärung dafür: kühle Nächte, heiße Tage bei hoher Luftfeuchtigkeit.

Wir verbrachten den Tag in den Wäldern oberhalb des Toba-Sees, botanisierten an den Hängen und stellten den die Straße überquerenden Faltern nach, entrindeten vermorschte Bäume und versäumten nicht, die Unterseite der Pilze zu untersuchen, die an ihnen wucherten.

Nicht selten wuchs an den Steilrändern Nepenthes, die Kannenpflanze, mit Blättern, deren Spitzen zu Fliegenfallen umgebildet sind. Ich sah kleine Arten, die Rasen bildeten, und dickbäuchige Krüge — ist einmal ein Prinzip gefunden, so fächert es sich aus wie dieses Kuriosum, bei dessen Betrachtung wir zugeben müssen: unser Hirn vermöchte es nicht zu ersinnen, wie sehr es sich auch anstrengen würde, während die Natur es freigiebig in vielen Varianten verstreut. Dabei ist diese Einrichtung »unnötig«, wie einer bizarren Laune entsprungen, denn die Pflanze könnte auch ohne sie leben — »wozu« also die komplizierte Apparatur?

Es versteht sich, daß diese Fleischtöpfe auch ungebetene Gäste finden: Vögel, die sie von außen anpicken, um sie zu plündern; Fliegen, deren Larven der Verdauungssaft nicht angreift, legen ihre Eier in ihm ab. Ein Kollege Eduard Diehls hat über zwanzig Arten ermittelt, die sich in den Kannen wie im Beutel eines Känguruhs entwickeln, und diese haben wieder ihre Parasiten — das führt ins Endlose.

Die Kannen, besonders die schmalen, sind von hoher Eleganz. Verborgene Kraft ist zu ahnen; der erhobene Deckel wirkt auf das an animalische Bewegungen gewöhnte Auge, als könne er zuklappen. Es sieht die Pflanze wie eine Momentphotographie. Während ich sie studiere, hascht der Doktor nach einer Danaide, die von einer Blüte aufflog — nach drei Sprüngen, um die ihn eine Meerkatze beneiden könnte, hat er sie im Netz.

Ein scharfes Auge: es bewährte sich wieder am Ziel unseres Ausfluges, einer verlassenen Hütte, bei der wir bis zum Nachtfang rasteten. Eduard Diehl deutete auf einen gelben Fleck von der Größe eines Taubenei-Dotters, der an einem Grasbüschel zu hängen schien. Sehen ist Übersetzen — es dauerte eine Weile, bis ich diesen Fleck als den Halsschmuck einer schmalen grünen Echse erkannt hatte. Wären wir in Südamerika gewesen, hätte ich sie für einen jungen Leguan gehalten, denn sie trug einen Zackenkamm. Der Freund

kannte den Namen: es war Calotes, die Schönech-
se, ein über Südasien verbreitetes Tier. Ich konnte
ein Wiedersehen mit ihm feiern, da es mir vor
zwanzig Jahren auf Ceylon unter fast gleichen
Umständen begegnet war. Damals hatte unser Be-
gleiter, ein Inder, mich auf einen roten Fleck inmitten eines Büschels von Farnkraut hingewiesen, aus
dem ich das Geschöpf entzifferte. Es war erwach-
sen, stattlicher als dieses und im Hochzeitskleid.
Unseres hier war zierlich, ein grünes Juwel, das
sich von seinem Entdecker streicheln ließ. Ein
scharfes Auge und eine goldene Hand.

Es begann zu regnen; wir tranken unter dem Vor-
dach der Hütte Tee und sprachen dem Mitge-
brachten zu. Das Umland war sumpfig; ich fand
hier noch einmal die Epilachna, diesmal auf einem
Kürbisgewächs. Der Ort war dem Doktor als einer
seiner Lieblingsfangplätze bekannt. In der Dämmerung schlugen wir Aladins Zelt auf und wurden
nicht enttäuscht. Es war eine Hirschkäfernacht. Sie
kamen als Riesen und Zwerge und glänzten in
allen Tönen und Übergängen der reifenden Roß-
kastanienfrucht.

Eine Beobachtung stimmte mich nachdenklich.
Wir befanden uns zwar im dichten Urwald, und die
Mitternacht war überschritten, doch unweit unse-
res Zeltes verlief die Straße, auf der wir gekom-
men waren; sie führt von Parabat nach Siantar.
Immer wieder blitzten Lichter durch das Dik-

kicht: Scheinwerfer von Lastwagen, bald vereinzelt, bald von Konvois.

Trüber Gedanke: bald wird es auch hier nur noch die Parkplatznot geben, dafür keine Bäume mehr. In dieser Voraussicht sammeln wir nicht mehr wie die Seitz, Fruhstorfer, Ribbe und andere reisende Forscher des vorigen Jahrhunderts — sie schwelgten noch in der Fülle; wir beklagen deren Schwund.

Siantar, 29. April 1986

Der Doktor hat auch eine besondere Lampe auf dem Dach. Er revidiert allmorgendlich den Anflug, und ich finde einige kollegiale Präsente auf dem Frühstückstisch.

Dann zur Klinik. Zwei junge Mädchen mit Hasenscharte, eines davon auch mit Wolfsrachen. Routinefälle, behoben in erstaunlich kurzer Zeit.

»Die Kinder sind sehr grausam — kürzlich erhängte sich eine Fünfzehnjährige aus Verzweiflung über das unablässige Gespött.«

Abends beim Federballturnier chinesischer Arbeiter in einer Werkshalle. Das Spiel war mir aus meiner Kinderzeit bekannt; hier erstaunten mich sowohl die Eleganz wie die Wucht der Bewegungen. Der Ball erreichte manchmal fast die hohe Decke, dann wieder flog er haarscharf über das Netz. Ich kann mir nicht vorstellen, daß das klassische jeu de paume mit solcher Verve gespielt wurde. Das verhinderte schon der Anzug, der hier nur aus ei

nem Dreieckshöschen und einem Paar Turnschu-
hen bestand. Es würde mich nicht wundern, wenn
man damals mit dem Hut auf dem Kopfe gespielt
hätte. Zum mindesten nahm man die Perücke nicht
ab. Wenn ich noch gelernt habe: »Der Offizier
läuft nicht«, war das, wie manches andere bei den
Preußen, eine Reminiszenz an den Barock.

Übrigens fiel mir in Malaysia wie in Indonesien
auf, daß noch barfuß bedient wird — das macht
den Service lautlos, aber auch unheimlich. Man ist
immer beobachtet.

Auch hier ist der Doktor, der mit Passion dabei
war und die Spieler durch Zurufe anfeuerte, bekannt und beliebt. Wir wurden mit Tee bewirtet,
beim Kommen und Gehen freudig gegrüßt.

Grammatik. Indem ich die Aufzeichnung überflie-
ge, fällt mir ein Gleichklang auf, wie ich ihn zu ver-
meiden pflege, nämlich: »daß das klassische jeu de
paume — — —«

Hier stört er mich nicht, da die beiden Wörter
zwar gleich lauten, doch verschiedene grammati-
sche Funktion haben. Wäre das nicht der Fall, etwa in einem Satz wie: »ein Kind, das das Messer
verkehrt hält«, dann würde im stilistischen Gewissen eine Glocke anschlagen.

Der Erwähnung wert scheint mir die Sorgfalt,
weil sie ohne Überlegung geschieht. Wenn wir auf
einem Spaziergang stolpern, strecken wir zunächst
schützend die Arme vor und finden dann erst die
Erklärung: den Stein des Anstoßes.

In Gedichten, vor allem im Sonett, kann ein

zwar »identischer«, doch dem Sinne nach ver-
schiedener Reim sogar als Finesse überraschen
und erheitern — leider fällt mir kein Beispiel ein.

Atavismen. Wenn ein Krokodil in Erinnerung an
vorgelebte Zeiten sich in einen Molch zurückver-
wandelt, legt es Panzer, Zähne und Krallen ab.
Seine Konturen werden bis zu den Fingerspitzen
weicher; es zieht der Tiefe des strömenden Was-
sers die Sümpfe und der blutigen Nahrung die
harmlose vor, vergißt auch nicht, sich zu rühmen
dafür. Das ist unangenehm.

Unangenehmer noch, wenn dieser Scheinmolch
sich der heroischen Großväter entsinnt und sich
entsprechend ausrüstet.

Siantar, 30. April 1986

Spät erwacht. Nachts in einer Lagune; flaches
Wasser stand über steinigem Grund. Unter den Fi-
schen, die dort spielten, gefiel mir vor allem einer
in der Größe eines stattlichen Karpfens; er war
aus Bergkristall geschnitten und vom Kopf bis
zum Schwanz blauschwarz punktiert. Ich erzählte
das Eduard Diehl, den ich mit dem Stierlein am
Frühstückstisch traf, und fand ihn erfreut:

»Fein, der kommt heut mittag auf den Tisch.«

Das war eine Antwort, wie ich sie besonders am
nüchternen Morgen schätze, und wir bekamen dazu auch gleich einige Anekdoten, die in den Stil
paßten. So unter anderen:

Ein Jäger erzählt, wie er mitten in der Wüste

von einem Löwen verfolgt wurde und sich in der höchsten Not zum Glück auf einen Eichbaum rettete.

»Aber in der Wüste gibt es doch keinen Baum.«

»Darauf konnte ich keine Rücksicht nehmen — unter solchen Umständen ist mir das völlig egal.«

☆

Zum Weg. Der Reiz des Glücksspiels beruht auf der Abkürzung. Das ist wie im Gefecht. Glück und Unglück erscheinen unmaskiert und unmittelbar.

Zwei Gefahren. Erstens die reine Verzifferung der Chance, zweitens der unwiderstehliche Reiz. Eine Frucht wird nicht mehr natürlich genossen, sondern als Droge konsumiert.

Eine weitere Abkürzung: die Glücksautomatensucht. Die von ihr Besessenen schwärmen nach Las Vegas wie die Motten an das Licht. Dem folgen Verbrechen, Selbstmord, Alkaloide, Prostitution.

Statistisch betrachtet, muß die Teilnahme an jeder Lotterie mit Verlust enden. Der ungeheure Aufwand will nicht nur bezahlt werden; er soll auch etwas abwerfen. Das mindert die Chance — was kosten allein die Prospekte, die täglich ins Haus flattern.

Siantar, 1. Mai 1986

Ernstels Geburtstag. Er würde heute sechzig Jahre alt.

☆

Aus Wilflingen Nachrichten von Inge Dahm, die meine Post betreut. Sie schreibt, daß wir zu Haus wenig versäumen; die Meteorologen haben den kältesten April seit einhundertundzwanzig Jahren registriert.

Dabei einige Anlagen — so ein Leserbrief aus Sacramento von Michael Opalack: Your memories in ›The Storm of Steel‹ are absolutely an indispensable way to understand the First World War.«

Solche Urteile nehmen zu, weil das Ereignis in die historische Perspektive rückt. Ich höre auch, daß in Paris von den »Anciens Combattants« eine Ausstellung mit dem Titel »Orages d'Acier« vorbereitet wird. Ich notiere aber den Brief weniger seines Inhaltes als des Umschlages wegen; er hat mich lebhaft berührt. Die Rückseite zeigt ein Bild Mark Twains vor dem gestirnten Himmel mit der Unterschrift:

1835 · Mark Twain · 1910 · Halley's Comet · 1986

Auf der Vorderseite des Aerogramms die Briefmarke mit dem Kometen und ein kleineres Bild des Autors, umrahmt von folgendem Text:

»I came in with Halley's comet in 1835. It is coming again next year, and I expect to go out with it. It will be the greatest disappointment of my life, if I don't go out with Halley's comet.«

In der Tat ist dieser Herzenswunsch Mark Twains, dessen »Tom Sawyer« mich vor nunmehr achtzig Jahren wie zahllose junge Leser begeisterte, erfüllt worden; er starb am 21. April 1910 — im Kometenjahr.

☆

Am Nachmittag begleiteten wir Eduard Diehl zu einem seiner Tennisplätze; er liebt es, wenn wir an seinen Passionen teilnehmen, und sei es als Zuschauer. Je weiter man sich vom Weichbild entfernt, desto mehr werden die Häuser zu Hütten; fast vor jeder tummelt sich ein Hühnervolk. Der Malaienhahn steht dem Wildhuhn näher als der unsere; er ist kleiner, hochbeinig, lebhafter metallisch gefärbt, zum Flug wie zum Kampfe tauglicher.

Der Tennisplatz ist in einen Park gebettet, der sich zu einem Fluß absenkt, dem Babolon. Unter den mächtigen Bäumen ragte eine Caesalpinia mit brennend roter Krone empor. Der Bewuchs eines solchen Riesen mit Schlingpflanzen, Epiphyten und Parasiten ist schwer zu entwirren; unverkennbar war ein Philodendron, der nicht nur den Stamm mit einem Laubmantel umhüllte, sondern ihn zudem hinter einem Schleier von Luftwurzeln verbarg. Wenn deren Ranken fast den Boden erreicht hatten, schlangen sie sich, Schaukeln bildend, an sich selbst wieder empor.

Die Tropenstädte haben sich in den letzten Jahrzehnten anarchisch ausgedehnt. Einerseits sind durch unkontrollierten Zuzug Slums entstanden, andererseits Waldhütten eingemeindet worden, so daß man vom Dach der Hochhäuser eine grüne Landschaft überblickt, deren »entwickelte« Kerne durch Verkehrsadern verbunden sind. Das wird besonders nachts durch die Lichterketten, die sich im Urwald verlieren, sinnfällig.

Es versteht sich, daß sich in diesen Revieren noch viel vom ursprünglichen Bewuchs und seiner Fauna erhalten hat. Schon in Singapur haben wir in dieser Hinsicht Überraschungen erlebt. Hier am Ufer des Babolon erstaunte uns ein junger Waran von Armeslänge, der aus dem Schilf auftauchte und, nachdem wir ihn lange betrachtet hatten, gemächlich wieder verschwand.

Die Krone eines einzigen hohen Baumes oder die Ränder eines schmalen Baches sind reich an Bewohnern, die man nie oder nur durch Zufall erblickt. So hätte die Frau des japanischen Botschafters in ihrem Garten zu Kuala Lumpur, durch den ein Bach fließt, nie eine Schlange gesehen ohne ihre beiden kleinen Hunde, die dort nach und nach zwanzig Kobras erlegt haben. Erst der einundzwanzigsten gelang die tödliche Parade, und damit war die Jagd vorbei, denn diese Hunde einer besonderen Rasse jagen selbzweit. Der eine stellt die Schlange, der andere umgeht sie und greift an.

Medan, 2. Mai 1986

Der Abschied von Siantar fiel uns nicht leicht. Wir waren verspätet aufgebrochen, weil der Doktor noch einem Kind die zusammengewachsenen Finger getrennt hatte. Dann fuhren wir mit ihm durch bebautes Land nach Medan. Beim Gummizapfen waren nur Männer am Werk, denn der volle Kübel wiegt an sechzig Pfund. Die Kokospalmen überragen die Pflanzungen; ihre Kronen bilden im Profil eine Scheibe, bei schwächerem Wuchs ein Flügelrad.

✩

Rast in Tebing-Tinggi, das ist »hohes Ufer« — ein
Name also, der dem meiner Vaterstadt Hannover
und dem Rialto Venedigs entspricht. Das Malaiische liest sich besser, als es klingt. So jedenfalls
scheint es mir, wenn ich Gespräche mithöre, ohne
sie zu verstehen, wie jetzt das des Doktors mit
dem Chauffeur. Die Vokale werden schneller gesprochen als gelesen, zum Teil auch verschluckt.
Ein Wort wie Parabat wird zu »Prabat« mit zwei
harten *a*, von denen das letzte kaum vernehm-
bar ist. Vermutlich war auch das Alltagsgriechisch
zur Zeit des Perikles weniger wohllautend als es in
den Rednerschulen oder im Schauspiel verlangt
wurde. Es wird immer ein Unterschied bleiben
zwischen einem Sprechen, das man versteht, und
einem solchen, das man genießt. Dabei fällt mir
meine Notiz über den Gleichlaut von »daß« und
»das« ein — ich kann darauf beharren, mit der
Einschränkung, daß sowohl rhetorisch wie phone-
tisch Abhebungen möglich sind.

In fremden Sprachen ist Vorsicht geboten —
babu ist das Dienstmädchen, *babi* das Schwein.
Um die Mehrzahl auszudrücken, wird das Sub-
stantiv verdoppelt; *bunga* ist die Blume, während *bunga-bunga* die Blumen sind. Wird ein Zahl-
wort oder »viele« davorgesetzt, ist die Verdop-
pelung unnötig. Bei langen Wörtern wird in den
Zeitungen, um Raum zu sparen, ein »hoch zwei«
dahintergesetzt.

Diese nebst anderen philologischen Anmerkun-
gen erfuhr ich vom Doktor während der Fahrt; er
schloß ihnen eine Ausführung über den Gebrauch
des Dual im Arabischen an, in Erinnerung an Jahre, während deren er in einem der Emirate am Per-

sischen Golf operiert und gesammelt hat. Ich habe schon öfters bemerkt, daß Entomologen sich durch einen guten Sprachsinn auszeichnen — hier wie dort kommt es auf den kleinen Unterschied an.

Wir verbrachten den Abend »bei Bier vom Faß« im Deutschen Klub zu Medan und dankten Eduard Diehl noch einmal für die gute Zeit, die wir bei ihm gehabt haben.

Man trifft sich hier ein Mal im Monat — Mitglieder des Konsulats, Germanisten vom Goethe-Institut, Geschäftsleute mit ihren einheimischen Frauen. Ich saß neben einer chinesischen Ärztin, die mit einem deutschen Lehrer verheiratet ist. Sie hat die Kinder einer Schwester zu sich genommen, die sich nachts vor den Geistern fürchten und erst einschlafen, wenn sie zu dem Ehepaar ins Bett gekrochen sind.

Zur Nacht im obersten Stockwerk des Hotels »Tiara«, einem der neuen Hochhäuser. Beim Blick vom Balkon verrät auch hier die Verteilung der Lichter den üppigen Zuschnitt tropischer Anlagen. An der Mauer Geckos, in der Luft jagende Fledermäuse, aus dem Park undefinierbare Laute, von der mächtigen Stimme des Ochsenfrosches übertönt.

Dabei hält das Hotel sich auf der Höhe der Entwicklung — man sieht es an kleinen Fortschritten innerhalb einer Einrichtung, die man schon bislang für vortrefflich hielt, auch an der Schulung des Personals vom Empfangschef bis zum halbwüchsigen Chinesen, der den Koffer trägt.

Diese Hotelketten sind uniform; sie müssen in entfernten Büros einen Generalstab haben, der den letzten Komfort bis in die Urwälder verteilt. Das kommt mir in dieser schwülen Nacht wie ein gelungener Trapezakt vor. Wenn einmal der goldene Faden risse, an dem das Ganze hängt, wäre es nicht allmählich, sondern mit einem Schlage vorbei.

»Der Generalstab« — die Verknüpfung ist nicht zufällig. Die Armee, der Zirkus, die Hotels und Banken müssen auf ähnliche Weise geführt werden. Sie bringen auch verwandte Typen von Chefs und Kapitänen hervor.

Kuala Lumpur, 3. Mai 1986

Am Flughafen. Ein freundlicher Malaie besorgte für uns das »Einchecken« — ein Hotelangestellter, diese Betreuung ist sein Amt. Wir fragten uns, ob wir ihm ein Trinkgeld anbieten dürften; es wurde freudig akzeptiert.

Auch die Stewardessen im Flugzeug waren angenehm: Lotosblüten, in Batik gehüllt. Ein lebhaft rosa getöntes Make-up ist den Malaiinnen günstig insofern, als dahinter ein hellerer Teint vermutet wird als jener, den es verdeckt.

Die Gebetshaltung ist ursprünglich, nicht nur bei den Menschen, sondern auch bei Tieren und Pflanzen; man könnte sie auch in der Materie suchen — in ihrem Weben, ihren Schwingungen. Warum kehrt der Kreis in seinen Anfang zurück, warum dehnt eine bestrahlte Fläche sich aus? Vielleicht will sie noch mehr von der Sonne genießen, wie die Eidechse, die sich abplattet. Es gibt Pflanzen mit Sonnen-, andere mit Mondkulten.

Die Gebetshaltung eines Atheisten könnte im Rauchen einer Zigarette bestehen. Kultisch würde der Brauch erst dann, wenn das Bewußtsein oder ein Gebot ihm einen besonderen Rang verliehen und er in abgemessener Wiederholung rituell würde. Eine Andeutung sehen wir in den Filmen: während einer Überlegung, vor einer Entscheidung, auch vor einem Wagnis wird gern eine Zigarette angesteckt.

Über der Straße von Malakka fällt der Blick auf ein armes, kleines Wölkchen, das sich zerfasert — bald wird es sich auflösen, nicht mehr vorhanden sein. Doch nicht verzagen: auch hier Monaden — Leibniz hilft.

Wieder harte Zwischenlandung in Penang.

Daß man noch einen Pockennarbigen sieht, zählt zu den Ausnahmen, während es in exotischen Häfen vor zwanzig Jahren nicht selten war. Noch früher sprach man von einem Gesicht, das aussah, »als ob Erbsen auf ihm gedroschen wären« — aber auch gedroschen wird nicht mehr.

An den Zollstationen wie hier in Penang fällt ein Plakat auf, das von keinem, der seinen Paß vorweist, zu übersehen ist: ein derber, zur Schlinge geflochtener Strick, darunter die Androhung der Todesstrafe für jeden, in dessen Gepäck Drogen entdeckt werden. Schon eine geringe Dosis genügt. Dieser Tage wurden in Kuala Lumpur drei Ausländer gehenkt, die einige Gramm Heroin importiert hatten.

Es bleibt mißlich, sich bei diesem Thema auf die Statistik einzulassen, da es, ähnlich wie jenes der Erd- oder Feuerbestattung, die Grundfesten der Überzeugung berührt. Zu bedenken ist die große Zahl der Todesfälle gerade durch Heroin. Dazu die Auswirkung auf die Familie und die Gesellschaft — auch zur enormen Zahl der Verkehrsunfälle hierzulande soll vor allem die Droge beitragen. Wohl dem, der sich durch das Plakat belehren läßt.

Über den Wolken. Weiter im Journal von Renard. Ich nähere mich dem Ende des vierten Bandes, dem 6. April 1910. Der Autor starb, wie Mark Twain, im Kometenjahr.

Zu meinen guten Werken zählt vielleicht, daß ich manchen zur Führung eines Tagebuches anregte. Wie auch immer: es bleibt eine Leistung von persönlichem und archivalischem Wert. Zugleich befriedigt sie einen Trieb: der Weg wird markiert. Sakrales kann hinzutreten; der Mensch ist mit sich allein.

Gut, wenn ein Tagebuch früh beginnt — besser noch, wenn es bis zum Ende fortgeführt wird, bis dicht vor dem Tod.

Renard beobachtet die Stadien seiner Krankheit — sie werden nicht vom Arzt sondern vom Patienten notiert. Auch ein Kalvarienberg. Einst hat er sich auf der Straße nach Passanten umgesehen, die wie er die Rosette der Ehrenlegion im Knopfloch trugen — nun tröstet ihn der Anblick von solchen, die gleich ihm mühsam dahinkriechen.

Kurz vor dem Abschied: »Ich habe eine Krankheit zu beobachten. Das ist fast wie ein Verbrechen in der Familie.«

Das ist die Notiz eines geborenen Beobachters. Sie spricht auch für sein Verhältnis zur Individualität. Ameisen auf dem Zuge kommen ihm vor wie »schwarze Perlen einer Kette, deren Faden zerrissen ist«.

Er hat ein besseres Auge für die konkrete als für die abstrakte Armut — mehr als die großen Ideen beschäftigt ihn die Not des Nächsten, des Einzelnen.

Die Lektüre wird erschwert durch Wörter, die aus der Mode gekommen sind oder den Argot streifen, auch durch Provinzialismen, die nur in der Umgebung seines Dorfes gebraucht wurden. Weniger stören dagegen die Flüchtigkeiten und Gedankensprünge — sie beleben eher wie Stromschnellen. Desgleichen Sätze, die ebenso einfach wie gelungen sind. Beim Blick aus dem Fenster, während es regnet: »Les branches minces enfilent des gouttes de pluie.«

Gut auch: »Der Sturm rüttelt an einem fruchtlosen Baume wie ein blinder Titan.«

Register. Am häufigsten werden Größen erwähnt, die fast oder ganz vergessen sind. Das trägt zum Wert der Aufzeichnungen bei. Das Ephemere hat seinen besonderen Reiz, und über die Unvergessenen weiß man genug. Ebenso gefällt ein gewisses »jamais couché avec« gegenüber Berühmtheiten. Etwa: »Was meinen Sie von Nietzsche?« — — — »Daß sein Name zuviel überflüssige Konsonanten enthält.«

Jules Renard starb im Kometenjahre: am 22. Mai 1910. Ein besonderer Reiz seiner Aufzeichnungen liegt für mich darin, daß ich eine Reihe der von ihm erwähnten Personen gekannt habe. Um die Jahrhundertwende standen sie in den Zwanzigern — Literaten, denen ich vierzig Jahr später begegnet bin: André Gide, Sacha Guitry, Paul Léautaud, Abel Hermant, Bonnard und andere.

In Kuala Lumpur erwartete uns Wolfram Dufner — wir fuhren, natürlich bei Gewitter, in seine Residenz. Als wir beim Tee unsere Erinnerungen austauschten, schlug ein Blitz in eine Palme ein.

Wir hatten seit langem keine Nachrichten gehört, waren auch nicht begierig danach. Daß inzwischen in der Nähe von Kiew ein Atom-Meiler
in die Luft geflogen ist, bildet keine Überraschung
für mich. Wir leben im Atomzeitalter und werden
uns wohl oder übel damit abfinden. Persönlich kä-
me ich mit der Technik und mit dem Stande der
Wissenschaft zur Zeit Alexanders und des Aristo-
teles aus, würde sie sogar vorziehen — vom Kul-
tus und der Kultur ganz abgesehen. Indes haben
wir mit Dimensionen zu rechnen, denen gegenüber
die des 19. Jahrhunderts und sogar die unserer Gegenwart liliputanisch sind. Daß man die guten
Stücke herausschneiden möchte, ist verständlich,
aber umsonst fliegt man nicht bis zum Mond. Umsonst nimmt man auch nicht jährlich um achtzig
Millionen zu.

Daß die Entwicklung der Vernunft Hohn
spricht, beweist ihre Stärke — siehe das »credo
quia absurdum« des Tertullian.

Kuala Lumpur, 4. Mai 1986

Nach dem Frühstück im Garten. An der Terrasse
der Fackel-Ingwer; er verdankt seinen Namen
nicht der entwickelten, sondern der noch geschlos-
senen Blüte — sie gleicht einer Rakete oder einem
Quast, von dem die Staubfäden als rote Funken
abspritzen.

Im Schatten unter dem großen Feigenbaum, Ficus
indica. Er ist nicht zu verwechseln mit Ficus reli-
giosa, obwohl beide, der eine den Hindus, der an-

dere den Buddhisten, heilig sind. Sie werden uralt, überleben die Tempel und bezeugen an deren Ruinen den Kult, dem sie geweiht waren.

Ein solcher Baum gleicht einem Vexierbild insofern, als er bald als Einheit, bald als Mannigfaltigkeit erscheint — bald als Ahnherr, bald als Geschlecht.

Was ist geschehen? Von den horizontal ausgreifenden Ästen haben sich, zunächst als Fäden, Luftwurzeln herabgesenkt. Sie sind erstarkt, sobald sie Boden faßten, und wuchsen selbst zu Stämmen heran. Allmählich bildeten sie, wie Paladine um den Stamm-Baum, ein Gerüst, dann einen Panzer, während der Alte nach ungezählten Jahren abstarb und vermoderte.

Doch starb er überhaupt? Er lebt im Abgezweigten weiter, ohne daß ein Einschnitt zu erkennen ist. Ein Stumpf würde ein Grabstein sein; so aber kann sich ein Wald bilden. Noch etwas trägt zur Verwirrung bei: Manche der abgezweigten Stämme wachsen so eng zusammen, daß sie zu siamesischen Zwillingen verschmelzen und in ihrem Eigenstand nicht mehr erkennbar sind.

Die Stunde kam mir zugut. Schon der Schatten eines solchen Baumes bewegt zur Meditation. Die Inder wußten es. Daß die Individualität geschätzt wird, gebietet die Vorsicht, die, »wenns drauf ankommt«, außer acht gelassen wird.

☆

Dieser Tage glaubt ein Expert nachgewiesen zu haben, daß ein Bild, das meine Mutter besonders liebte, »Der Mann mit dem Goldhelm«, irrtümlich Rembrandt zugeschrieben worden sei. Das kann den Preis des Gemäldes drücken, nicht aber seinen Wert. Die Signatur gehört wie jeder Name zum Etikett — zu dem, was ein Bild gilt, nicht zu dem, was es ist.

Der größte Teil der Leistung, von der wir leben, ist namenlos, der wichtigste sogar verborgen: transzendent.

Sun Wah heißt unsere Köchin; ihr Gatte Tan serviert. Heut abend überraschte er uns durch eine neue Frucht oder vielmehr eine Varietät der gewichtigen herzförmigen Mango, deren Züchtung vor kurzem gelungen ist. Sie zeichnet sich durch ihre Größe und ihr aromatisches Fruchtfleisch aus — vor allem fehlt ihr das lästige Faserwerk der klassischen Art. Sie nennt sich Harumanis Mango und kommt in diesem Jahre zum ersten Mal auf den Markt.

Kuala Lumpur, 5. Mai 1986

Nachmittags mit Brigitte Dufner zu den Batu-Höhlen, dem Hindu-Heiligtum unweit der Stadt, das wir vor einundzwanzig Jahren besucht haben.

Der Weiher, an dem ich damals dem chinesischen Sandläufer nachstellte, ist jetzt von einem Gitter eingefaßt; das fünfbeinige Rind fehlt. Neu waren Horden langschwänziger Affen, die sich auf den Felsen und in den Bäumen tummelten, auch über die Lichtleitungen balancierten wie Seiltänzer. Ein Kind warf einem von ihnen ein Eis am Stiel hin, das er wie wir handhabte, nachdem er die Stelle abgeschleckt hatte, auf die es gefallen war. Kleine Ökonomie. Sonst hatte sich wenig verändert, abgesehen davon, daß wie überall auf der Welt der Zustrom von Touristen um ein Vielfaches gewachsen war.

Über dem Eingang Hindugötter — darunter ein dreiköpfiger und der Elefantengott Ganesha. Sein Haupt bezeugt die Urkraft, als seltsames Reittier hat er sich die Ratte erwählt. Wie der Elefant sich durch jedes Dickicht Bahn bricht, dringt die Ratte durch alle Hindernisse zum Kornspeicher vor. Beide sind für den Weg zur Erlösung vorbildlich.

Elefanten auch als Torhüter; sie wenden sich mit den Rüsseln nicht nach außen, sondern dem Heiligtum zu. Wir zählten bis dorthin an dreihundert Stufen — damals ließ ich das Stierlein allein hinaufsteigen, teils, weil ich unten Käfer fangen wollte, teils aus Bequemlichkeit. Heut war ich dabei — was ich den Alterszeichen zurechne.

Mittags hatte der Botschafter Gäste: ein indisches Ehepaar vor der Abreise nach Neuguinea und einen Malaien, der als Diplomat nach Bonn geht — seine Gattin, Spanierin, spricht gut französisch, ist belesen, intelligent. Stendhal ist bei solchen Begegnungen ein mot de passe.

Dem Inder als Buddhisten gilt der Genuß vom Rind als Frevel; der Malaie als Moslem hat Horror vor Schweinefleisch. Es wurden also Huhn und Fisch serviert.

Auch beim Personal kocht jeder für sich. Die Köchin bereitet zwar das Rindfleisch mit Sorgfalt, schmeckt aber die Soße nicht ab.

Zu den Aufgaben des Autors zählt die ergreifende Schilderung der Armut — soziale Erwägungen daran zu knüpfen, überläßt er den Theoretikern. Das schließt unmittelbare Hilfe nicht aus.

Kuala Lumpur, 6. Mai 1986

Curry powder. Kaum eine Mahlzeit in Südostasien ist denkbar ohne dieses Gewürz. Es ist nicht pur wie Salz oder Pfeffer, sondern aus einem Strauß kombiniert. Kein Haushalt ohne sein eigenes Rezept. Laurence, unser indischer Koch in Singapur, kam jeden Montag mit dem Päckchen für seine Mischung vom Markte zurück. Er sagte, sein Magen sei nicht in Ordnung, wenn er drei Tage den Curry entbehrt habe. In der Tat gewöhnt man sich schnell daran und findet, nach Europa zurückgekehrt, die Gerichte blasser — freilich nur eine Weile lang. Es gibt ein Verhältnis zwischen dem Sonnenstand und den Gewürzen — schon die provençalische Küche ist farbiger. Dort wird mit Kräutern der Macchia gewürzt.

Ich notierte mir die von Sharwood empfohlenen Zutaten — er nennt deren dreiundzwanzig; die Zahl kann nach Belieben vermindert oder vermehrt werden. Darunter helle und dunkle Senfkörner, weißer, schwarzer und roter Pfeffer, Ingwer,

Gelbwurz (Tumeric), Bocksdorn (Fenugreek) und Mohnsamen (Poppy Seed).

Mit den Namen ist freilich noch wenig gedient, denn es kommt auf die Dosis und auch auf die Sorten an. Eine besondere Art von Chili zum Beispiel kann dreißig Mal stärker als die übliche sein. Dem entsprechend unterscheidet der Handel: mild, medium, hot und extra hot curry. Damit die Arome sich binden, muß das Pulver eine Zeitlang reifen wie guter Wein.

Erst im Fernen Osten erfährt man, in wie vielen Sorten und wie mannigfaltig zubereitet der Reis in der Schüssel erscheinen kann. Unentbehrlich ist der Pilaw, der Curry-Reis — unübertrefflich zu einem Hammelbraten aus den Nordindischen Bergen: dem Lamb Rogan Josh.

Solche Tafelfreuden, wie auch die javanische Reistafel, sind Erinnerungen an die Kolonialzeit und haben sie überdauert; es sind nicht die einzigen. Die Kolonialherren waren nicht nur die Nehmenden, sondern auch Gebende; es fand ein Austausch statt. Ist auch die sichtbare Autorität entschwunden, so blieb doch die Prägung bestehen. Sie ist, wie Technik und Architektur ausweisen, allgemein europäisch, und hier englisch speziell. Das entspricht einer historischen Regel — noch heute ist in germanischen Städten und Landschaften, wo Römer siedelten, deren Einfluß markant.

Es scheint auf den ersten Blick, daß sich an Einrichtungen, die, wie der Golfklub, übernommen wurden, wenig geändert hat. Allerdings sah ich

dort kaum Europäer, hingegen in deren Nachfolge
malaiische Nobili und junge chinesische Manager.
Sie unterhielten sich am Tisch in ihren Muttersprachen, doch wie in vielen Ländern bleibt Englisch
als eine Art von Esperanto bestehen.

Auch die politischen Grenzen der alten Kolonien haben sich vielfach erhalten — als Narben
willkürlicher Landnahme. Dem Reisenden, der von
Indonesien nach Malaysia kommt, fallen immer
noch schon bei alltäglichen Gewohnheiten Unterschiede zwischen dem holländischen und dem britischen Kolonialstil auf. So fehlte auf Sumatra die
geräumige Badewanne; sie war durch eine würfelförmige Zisterne ersetzt, auf deren Rand eine
Schöpfkelle lag. Damit gönnt man sich nach Bedarf einen kräftigen Guß. Ich muß zugeben, daß
die Methode nicht nur weniger umständlich, sondern auch erfrischender als unser herkömmliches
Bad ist — vielleicht sogar sauberer, denn nicht
ganz abwegig ist die asiatische Ansicht, daß die
Europäer in ihrem eigenen Schmutz baden.

Gleichfalls zur Anpassung an die tropische Hitze bestimmt ist das aus älteren Reiseberichten bekannte »dutch woman«, eine mit Leinen bezogene
Rolle, die als reduzierte Bettdecke dient. Sie ist
durch die Klimatisierung hinfällig geworden, gehörte aber auf Sumatra noch zur Ausstattung. Wir
fanden sie angenehm.

☆

Der niederländische Kolonialstil ist ursprünglicher
als der englische; daher las ich mit Vorliebe die Erinnerungen von Soldaten, Beamten und Seeleuten
der Ostindischen Kompanie. Sir Raffles gründe-

te Singapur 1817; zweihundert Jahr zuvor hatten die Holländer ihr Batavia auf den Trümmern der älteren Stadt Djakarta errichtet, deren Name nun wieder zu Ehren gekommen ist.

Die Holländer hatten in der Bauweise dem Klima wenig Rechnung getragen: die Häuser waren mit Kupferdächern und Glasfenstern ausgestattet und wie daheim eng aneinandergerückt.

Batavia galt als »die Perle des Orients«. Kaffee, Reis, Zucker wurden, abgesehen vom asiatischen Handel, von dort in riesigen Mengen nach Europa verschifft, dazu Tee, Tabak, Gewürze, Teakholz und vieles andere. Der reiche Mijnheer war eine Bilderbuchfigur.

Bis zu den Napoleonischen Kriegen war Batavia eine rein holländische Stadt. Sie blieb als Markt erhalten, nachdem die Europäer des mörderischen Klimas wegen in höher gelegene Residenzen umgezogen waren; sie ist immer noch einer der wichtigsten Handelsplätze des malaiischen Archipels.

Der Kolonialstil der Lords hält sich länger als jener der Mijnheers — er ist rationaler und damit zeitgemäß. Typisch für ihn, im Gegensatz auch zu dem der romanischen Völker, ist allerdings die Distanz zu den Eingeborenen. Eben deshalb war das »Auseinanderdividieren« hier einfacher als bei den Spaniern, Portugiesen und Franzosen, auch bei den Holländern. Man hatte weniger eng miteinander zu tun.

In der Literatur noch der Jahrhundertwende finden sich, besonders bei Kipling, seltsame Extreme dieser Abgrenzung. So darf ein indischer Prinz im Kasino eines englischen Regiments sich zwar mit an die Tafel setzen, doch nicht vor dem Dessert.

Ich entsinne mich, als Schüler von einem britischen Klub in Kapstadt gelesen zu haben, in dem Farbige keinen Zutritt hatten; für die Wahrung dieser Vorschrift sorgte ein schwarzer Portier, der für letzte Spuren dunkler Herkunft, wie etwa einen violetten Halbmond der Fingernägel, einen unbestechlichen Blick hatte. Die Buren als Holländer dagegen waren in dieser Hinsicht liberal.

Übrigens las ich solche Notizen damals rein als Kuriositäten — wißbegierig: »Aha, die machen das so.«

Singapur und Batavia. Joseph Conrad ist ein literarischer Glücksfall insofern, als er über eine ungewöhnliche Spannweite verfügt. Er kennt beide Seiten der Straits Settlements, die er als Schiffsoffizier durchfuhr, kennt ihre Hintergründe auch. Er weiß, wie in den Kasinos und in den Flußkontoren fallierender Händler gedacht und gesprochen wird. Dann drängen sich Themen auf wie das Versagen, der Fleck auf der weißen Weste, der Bankerott, Opium und Fieber, die Mesalliance. Conrads polnische Herkunft ist als weiterer Glücksfall zu betrachten — als Zuwachs an Objektivität. Das unterscheidet ihn von Kipling; er ist nicht in der Wolle gefärbt. Beide sind Zeitgenossen — doch Conrad, obwohl der Ältere, ist epochal gesehen jünger: der Europäer zieht sich zurück. Paul Scott, während des Zweiten Weltkrieges Luftwaffen-Offizier in Indien, schildert die Endstation.

Es versteht sich, daß Conrad wie jeder Autor auch das Untergründige in sich bergen muß, das er beschreibt. Daher wunderte es mich nicht, daß ich in Raffles' Hotel sein Bild mit »Lord Jim« unterschrieben fand.

Im Flugzeug, 7./8. Mai 1986

Noch einmal Tee im Garten, herzlich — wir hoffen, uns bald am Bodensee wiederzusehen. Die Eltern des Botschafters telefonierten aus Konstanz. Die Explosion von Kiew scheint weithin Schrecken zu verbreiten — das Gras der Viehweiden, Fleisch, Milch und Gemüse werden auf Strahlung hin geprüft. Vielleicht wird bald in jedem Haushalt ein Geigerzähler neben dem Barometer stehen und die Wettermeldung plutonisch ergänzt werden. Das erinnert an die Ängste von Herz- und Zuckerkranken, die sich den Puls abtasten, den Urin beschauen und vorm Spiegel die Zunge herausstrecken.

Hinsichtlich der subterranen Anlagen ist die Entwicklung rückständig. Vielleicht entsteht hier ein Spiegelbild der oberirdischen Bauten und Verkehrsadern, eine Schwelle der Evolution. Die Fühler der Höhlenkäfer sind feiner als jene ihrer Vorfahren, die im Licht leben.

Abschied vom Feigenbaum. Die Schnüre, die sich vom Gipfel herabsenken und im Boden Wurzel

schlagen, kommen mir vor wie Ideen, die sich ver-
wirklichen. Was sie an Form gewinnen, verlieren
sie an Schwung.

Abschied auch vom Personal. Die chinesische
Haushälterin meinte, daß sie nicht heiraten werde
— wegen des Blutschwammes im Gesicht. Ich sagte, daß Doktor Diehl ihn leicht entfernen würde,
das lohne einen Flug nach Sumatra — dagegen sie,
daß man an der Form nichts ändern dürfe, in der
man geschaffen sei. So müsse man ins Jenseits ein-
gehen.

Die Maschine ist schwach besetzt. Das Stierlein
kann nicht schlafen; es hat schon zwei Mal das
klassische Musikprogramm genossen, das sich in
den Kopfhörern wiederholt. Ich erwache hin und
wieder und gehe im Laufgang auf und ab. Die Not-
lampen verbreiten ein dämmeriges Licht.

Zuweilen wird uns das Phantastische, ja das Un-
mögliche unserer Existenz bewußt. Der Verdacht,
daß wir sie nur träumen, läßt sich, besonders in
den Pausen, nicht abweisen. Die Spezies ändert
sich. Welches Horoskop hat ein Kind, das hier geboren wird? Und wie ist es mit den Raumschiffen?
Wir halten mit unserer Entwicklung nicht mehr
Schritt.

Ähnlich war die Stimmung während der Über-
fliegung durch Bombengeschwader in Kirchhorst.
Es waren weniger die Sirenen, das Hämmern der
Flakgeschütze, die schweren Einschläge, als das
geisterhafte Licht der Scheinwerfer, das die Ver-
dunkelung durchdrang und die Mauern des Hauses
aufzulösen schien. Nur das Balkenwerk blieb als

ein Gerüst von Runen — als das »Gestell«. Dabei das Gefühl, auf einem fremden Planeten gelandet zu sein, und dazu in einer schlechten Saison.

Der Verkehr nimmt ballistische Formen an. Was bedeutet es, in einem Geschoß dahinzufliegen, in dem man sich innerhalb eines ausgeklügelten Komforts bewegt? Gewiß ist Gefahr dabei — aber die Fahrt auf den Segelschiffen, obwohl gefährlicher, war nicht so unheimlich.

In den frühen Morgenstunden wieder Zwischenlandung in Dubai. Die Passagiere drängen sich um die Vitrinen, in denen Goldschmuck und Luxuswaren feilstehen, auch Pelzmäntel. Die einzigen mit bedecktem Kopf und guter Haltung sind die Araber, die durch das Gewimmel schreiten, als ob es sie nichts anginge. Ihnen gegenüber kommt mir der Europäer wie der Magier mit der Wunderlampe vor. Was wußten diese Schafhirten, bevor er sie besuchte, vom unermeßlichen Reichtum, der zuströmt, wenn das Öl in ihr verbrennt. Sie kannten weder die Grotte, in der die Lampe schlummert, noch die Art, in der sie gerieben werden muß. Dann aber wird der Magier der Früchte seiner Wissenschaft beraubt; er wird zum Angestellten und dafür bezahlt. Das erinnert an die schäbige Rolle des »Spezialisten«, der als Kalfaktor in Kauf genommen und eben noch geduldet wird.

Wilflingen, 9. Mai 1986

Im Dorf hat sich wenig verändert. Von dem Reaktorunfall hatte man nur aus der Zeitung erfahren, ebenso wie wir in Südostasien. Sonst wäre er unbemerkt geblieben; allerdings hatte man schon vor den Meldungen eine Wolke von ungewöhnlicher Farbe gesehen, die auch in Freiburg aufgefallen war.

Im Garten. Ich sehe, daß wir nichts versäumt haben. Der ungewöhnlich harte April hat den Frühling verzögert — nun steht er symphonisch im Flor. Ich notierte vor dem Abflug: »Am Weiher die erste Iris — fingerlang, goldgelb leuchtend, die drei Kronblätter mit schwarzer Punktur, als ob aus einer Zeichenfeder Tusche verspritzt wäre. Ein blaßgrüner Streifen zieht sich auf den Kelchgrund zu.«

Diese Iris blüht immer noch, ebenso haben sich die Kaiserkronen und sogar der Seidelbast erhalten, dagegen sind Schneeglöckchen, Krokus und Winterling verblüht. Die alten Gärten haben den Vorteil, daß diese Frühlingsboten im Lauf der Jahre und Jahrzehnte zu immer größeren Polstern heranwachsen.

Unter der Blutbuche ist aus meiner »Dreifelderwirtschaft« (Winterling, Lerchensporn, Maiglöckchen) der Lerchensporn verschwunden, während der Winterling seine Blätter ausfächert und die Maiglöckchen zwischen ihnen hervorspitzen. Vor etwa dreißig Jahren setzte ich dort an den Rand eine Gerte des Salomonssiegels, die ich aus dem Walde mitbrachte. Ich muß einen günstigen Platz für sie gewählt haben, da sie sich in jedem Frühling erneut und allmählich eine Fassung gebildet hat. Die Pflanzen kennen ihren Ort. So haben wir hier eine Ränder bildende Nelke, die als Wildling in den Garten eingedrungen ist und den Buchsbaum mit roten Säumen schmückt.

»Das Salomonssiegel soll die geheimnisvolle Springwurz sein, die nur der Specht zu finden weiß und deren Besitzern sich Tür und Tor öffnen« (Hegi).

Verlagsgemeinschaft
Ernst Klett Verlag — J. G. Cotta'sche Buchhandlung
Alle Rechte vorbehalten
Fotomechanische Wiedergabe
nur mit Genehmigung des Verlages
© Ernst Klett Verlage
GmbH u. Co. KG, Stuttgart 1987
Printed in Germany
Ausstattung: Klett-Cotta-Design
Fotosatz: Ernst Klett, Stuttgart
Druck: Wilhelm Röck, Weinsberg
Buchbinderische Verarbeitung:
G. Lachenmaier, Reutlingen
ISBN 3-608-95510-0

Vierte Auflage, 1988

ERNST JÜNGER

Das Abenteuerliche Herz
Figuren und Capriccios
1979. 14. Aufl. 201 Seiten, Leinen. ISBN 3-12-904371-3

Das Abenteuerliche Herz
Erste Fassung
Aufzeichnungen bei Tag und Nacht
Cotta's Bibliothek der Moderne 67
1987. 156 Seiten, Pappband. ISBN 3-608-95514-3

Aladins Problem
1983. 121 Seiten, Leinen. ISBN 3-608-95200-X

Annäherungen
Drogen und Rausch
1970. 502 Seiten, Leinen. ISBN 3-12-904520-1

Der Arbeiter
Herrschaft und Gestalt
Cotta's Bibliothek der Moderne 1
1982. 322 Seiten, Pappband. ISBN 3-608-95022-2

Auf den Marmorklippen
1983. 14. Aufl. 138 Seiten, Leinen. ISBN 3-608-95207-1

Aus der Goldenen Muschel
Gänge am Mittelmeer
Originalzusammenstellung
Cotta's Bibliothek der Moderne 33
1984. 236 Seiten, Pappband. ISBN 3-608-95295-0

Autor und Autorschaft
1984. 280 Seiten, Leinen. ISBN 3-608-95284-5

Klett-Cotta

ERNST JÜNGER

Eine gefährliche Begegnung
1985. 6. Aufl. 170 Seiten, Leinen. ISBN 3-608-95333-7

Eumeswil
1977. 434 Seiten, Leinen. ISBN 3-12-904170-2

In Stahlgewittern
1986. 30. Aufl. 324 Seiten, Leinen. ISBN 3-608-95208-X

Maxima — Minima
Adnoten zum »Arbeiter«
Cotta's Bibliothek der Moderne 15
1983. 72 Seiten, Pappband. ISBN 3-608-95173-3

Siebzig verweht I
1982. 2. Aufl. 597 Seiten, Leinen. ISBN 3-608-95145-8

Siebzig verweht II
1981. 641 Seiten, Leinen. ISBN 3-12-904321-7

Der Waldgang
Cotta's Bibliothek der Moderne 52
1986. 6. Aufl. (seit Erscheinen der Erstausgabe 1951).
96 Seiten, Pappband. ISBN 3-608-95235-7

Klett-Cotta